CAMBRIDGE LIBRARY COLLECTION

Books of enduring scholarly value

Spiritualism and Esoteric Knowledge

Magic, superstition, the occult sciences and esoteric knowledge appear regularly in the history of ideas alongside more established academic disciplines such as philosophy, natural history and theology. Particularly fascinating are periods of rapid scientific advances such as the Renaissance or the nineteenth century which also see a burgeoning of interest in the paranormal among the educated elite. This series provides primary texts and secondary sources for social historians and cultural anthropologists working in these areas, and all who wish for a wider understanding of the diverse intellectual and spiritual movements that formed a backdrop to the academic and political achievements of their day. It ranges from works on Babylonian and Jewish magic in the ancient world, through studies of sixteenth-century topics such as Cornelius Agrippa and the rapid spread of Rosicrucianism, to nineteenth-century publications by Sir Walter Scott and Sir Arthur Conan Doyle. Subjects include astrology, mesmerism, spiritualism, theosophy, clairvoyance, and ghost-seeing, as described both by their adherents and by sceptics.

Die Symbolik des Traumes

The German scientist and philosopher Gotthilf Heinrich von Schubert (1780–1860) studied theology and medicine, but gave up his medical practice to teach natural history at Erlangen and Munich, specialising in botany, forestry and mineralogy. He also gave public lectures on topics including animal magnetism, clairvoyance and dreams, and strove to develop an understanding of the cosmos that could reconcile Enlightenment philosophy with Christian faith. This 1814 study of the symbolism of dreams was highly regarded in its day, and its influence extended to the works of Freud and Jung nearly a century later. Schubert considers the working of the mind in the state between waking and sleeping, and proposes that dreams and their symbols, not being bound by language, are universally comprehensible. His book focuses mainly on those dreams that, in his view, lead to prophetic insights and an experience of the divine presence.

T0381634

Cambridge University Press has long been a pioneer in the reissuing of out-of-print titles from its own backlist, producing digital reprints of books that are still sought after by scholars and students but could not be reprinted economically using traditional technology. The Cambridge Library Collection extends this activity to a wider range of books which are still of importance to researchers and professionals, either for the source material they contain, or as landmarks in the history of their academic discipline.

Drawing from the world-renowned collections in the Cambridge University Library, and guided by the advice of experts in each subject area, Cambridge University Press is using state-of-the-art scanning machines in its own Printing House to capture the content of each book selected for inclusion. The files are processed to give a consistently clear, crisp image, and the books finished to the high quality standard for which the Press is recognised around the world. The latest print-on-demand technology ensures that the books will remain available indefinitely, and that orders for single or multiple copies can quickly be supplied.

The Cambridge Library Collection will bring back to life books of enduring scholarly value (including out-of-copyright works originally issued by other publishers) across a wide range of disciplines in the humanities and social sciences and in science and technology.

Die Symbolik
des Traumes

GOTTHILF HEINRICH VON SCHUBERT

CAMBRIDGE UNIVERSITY PRESS

Cambridge, New York, Melbourne, Madrid, Cape Town,
Singapore, São Paolo, Delhi, Tokyo, Mexico City

Published in the United States of America by Cambridge University Press, New York

www.cambridge.org
Information on this title: www.cambridge.org/9781108072762

This edition first published 1814
This digitally printed version 2011

ISBN 978-1-108-07276-2 Paperback

Die

Symbolik

des

Traumes

von

Dr. G. H. Schubert.

———

C von Güldenfubke

〜〜〜〜〜〜〜〜

Bamberg,

im neuen Leseinstitut von C. F. Kunz.

1814.

Seinen Freunden:

Herrn

Georg Matthias Burger

zu Nürnberg

und

Herrn

Matthias Conrads

zu Brinke in Westphalen

als ein vergängliches Denkmahl unvergänglicher Liebe

zugeeignet

vom Verfasser.

Vorrede.

Der Verfasser hat in den nachstehenden Blättern keine eigentliche Theorie des Traumes geben wollen; vielmehr hat er sich begnügt, selbst im physiologischen Theile dieses Werkchens, auf eine gewisse partie honteuse der menschlichen Natur aufmerksam zu machen, welche, wenigstens im gemeinen Gange des Lebens, nur selten als das erkannt wird, was sie eigentlich ist. Dieser schlafende und träumende Theil unsers Wesens, der sich dem ungeübten Auge so gut zu verbergen weiß, wird eben so gewiß mit uns hinübergehen über die dunkle Grenze, als der wachende, und die Erziehung des ersteren sollte uns aus mehr als Einem Grunde eine Hauptangelegenheit seyn: eine Erziehung, über deren Methode freylich nur ein sehr altes, aber höchstes pädagogisches System aller Völker und Zeiten Aufschlüsse giebt.

Der Verfasser hielt es aus mehreren Ursachen für angemessen, selbst dieser Abhandlung im leichten Conversationstone jene Wendung zu geben Die Zeit scheint gekommen, wo auch die geistig Tauben wieder anfangen zu hören und wo endlich die Wissenschaft, besonders die der Natur, im Stande seyn

wird

wird, einen Theil ihrer alten Schuld abzutragen. Außerdem schien es nicht unpassend, gerade in den Tagen in welchen der Sieg über einen äußeren gefeyert worden, auf einen Zerstörer und Usurpator in unserm Innern aufmerksam zu machen. Dieser, der überhaupt bey äußerem Sonnenschein und Frieden am besten gedeiht, bleibt uns noch immer zu bekämpfen, und dieser Kampf, den auch nur ein vollkommener Sieg kein Unterhandeln um Waffenstillstand, enden kann, möchte wohl aus mehr als Einem Grunde in unserem Zeitalter ernster als sonst werden. Darum ist die kurze Zeit der Remission und der Empfänglichkeit wohl zu benutzen, um so mehr, da es bey wieder eintretendem Fieberanfall zum Arzneygeben zu spät seyn möchte.

Uebrigens sollte diese Symbolik eine leichte Vorgängerin eines ziemlich weitläuftigen Abschnittes in dem nächsten Bande meiner Ahndungen u. f. seyn, den der Verfasser schreiben wird, sobald ihm dazu der nöthige Boden, Nahrung — und Sonne von oben kommen werden.

Nürnberg am 17ten April 1814.

Der Verfasser.

Verbesserungen.

Seite 17, Zeile 9, fehlt ein , nach pythische Begeisterung.

S. 35, und anderwärts lese man in der Note a. a. O. (am angeführten Orte) statt u. a. O.

S. 38, Zeile 4, von unten, l. m. Lamontine, Morsen, statt Lamentine, Masen.

S. 49, Z. 1, von unten, l. m. gleichvertheilt, statt gleich vertheilt.

S. 52, Zeile 15, l. m. Essener, st. Esseme.

S. 53, Z. 23. l. m. worden, st. werden.

S. 55, Z. 13, l. m. ihn st. ihr.

S. 56, Z. 10, von unten, l. m. körperlichen, st. moralischen.

S. 62, in der zweyten Note, l. m. Queriolet, st. Querioles.

S. 65. Z. 7, der st. den.

S. 68, Z. 20, l. m. Vorstellungen, äußere Rücksichten, st. Vorstellungen äußerer Rücksichten.

S. 70. Z. 8. l. m. wenn er, st. immer.

S. 74, Z. 5. von unten, l. m. der, st. das.

S. 78, Z. 24, der bösen, st. dem Bösen.

S. 83, Z. 22, enthält, st. enthüllt.

S. 87, Z. 3 und 4, Bedürfniß seiner eignen unnatürlichen st. Bedürfniß, seine eigene unnatürliche.

S. 88, Z. 16, den Schlüssel, st. der Schlüssel.

S. 100, Z. 1. ein st. im.

S. 108, Z. 2, wie st. nur.

S 121, Z 14, mit ganz st. ganz mit.

S 134, Z. 2, und Z. 8, ihr st. ihm.

S. 144, Z. 4, streiche man die **) und setze sie Zeile 6, hinter Zuständen.

S. 152, Z. 16, Frucht, st. Furcht.

S. 155, Z. 4, ihn, st. ihm.

S. 157, Z. 22, machet, st. erwachet.

S. 158, Z. 3, diese, st. er, Z. 21, den, st. einem.

S. 166, Z. 12, sey, st. ist.

S. 167, Z. 9, zwar st. war.

S. 173, Z. 10, jenen, st. jene, Z. 1, v. unten, Tauleri st. Taubers.

S. 180, Z. 2, bleibe, st. bleibt.

S. 181, Z. 5. einen, st. einem.

S. 189, Z. 18, der, st. den.

S. 197, Z. 16, praestabilita, st. pracstabitita.

S. 198, Z. 13, ein) nach thut.

S. 200, Z. 1, setze man nach dieß, — unter anderm auch dadurch, weil.

S. 201. Z. 16, Gesichtes, st. Gesichte.

S. 203. Z. 13, eine, st. ein.

1. Die Sprache des Traumes.

Im Traume, und schon in jenem Zustande des Deliriums, der meist vor dem Einschlafen vorhergeht, scheint die Seele eine ganz andre Sprache zu sprechen als gewöhnlich. Gewiße Naturgegenstände oder Eigenschaften der Dinge, bedeuten jetzt auf einmal Personen und umgekehrt stellen sich uns gewisse Eigenschaften oder Handlungen, unter dem Bilde von Personen dar. So lange die Seele diese Sprache redet, folgen ihre Ideen einem andern Gesetz der Association als gewöhnlich, und es ist nicht zu läugnen, daß jene neue Ideenverbindung einen viel rapideren, geistrhafteren und kürzeren Gang oder Flug nimmt, als die des wachen Zustandes, wo wir mehr mit unsern Worten denken. Wir drücken in jener Sprache durch einige wenige hieroglyphische, seltsam aneinander gefügte Bilder, die wir uns entweder schnell nacheinander oder auch nebeneinander und auf einmal vorstellen, in wenig Momenten mehr aus, als w.r mit Worten in ganzen Stunden auseinander zu setzen vermöchten; erfahren in dem Traume eines kurzen Schlummers öfters mehr, als im Gange der gewöhnlichen Sprache in ganzen Tagen geschehen könnte, und das ohne eigentliche Lücken, in einem in sich selber regelmäßigen Zusammenhange, der nur freilich ein ganz eigenthümlicher, ungewöhnlicher ist.

Ohne daß wir deshalb gerade dem Traume vor dem Wachen, dem Närrischseyn vor der Besonnenheit

ei.

einen Vorzug geben wollen, dürfen wir uns doch nicht
läugnen: daß jene Abbreviaturen - und Hieroglyphensprache, der Natur des Geistes in vieler Hinsicht angemessener erscheine, als unsre gewöhnliche Wortsprache.
Jene ist unendlich viel ausdrucksvoller, umfassender,
der Ausgedehntheit in die Zeit viel minder unterwor-
fen als diese. Die letztere müssen wir erst erlernen,
dagegen ist uns jene angeboren, und die Seele ver-
sucht diese ihr eigenthümliche Sprache zu reden, sobald sie im Schlafe oder Delirio aus der gewöhnlichen Verkettung etwas los und frey geworden, obgleich
es ihr damit ohngefähr nur eben so gelingt, als es
einem guten Fußgänger gelungen, wenn er als Fötus
im Mutterleibe die künftigen Bewegungen versuchte.
Denn, beyläufig: wir würden es, falls wir es auch
vermöchten, jene disjecta membra eines ursprünglichen und künftigen Lebens, schon jetzt an Licht und Luft
hervorzuziehen, doch vor der Hand in der Geistersprache kaum zum Lallen bringen, oder höchstens zu
einem Grade von Bauchrednerey.

Jene Sprache hat übrigens, außerdem daß sie
über die Kräfte unserer inneren Natur eben so viel
vermag, als die orpheische Liedersprache über die der
äußeren, noch eine andre, sehr bedeutende Eigenschaft
vor der gewöhnlichen Sprache voraus. Die Reihe
unsrer Lebensbegegnisse scheint sich nämlich ohngefähr
nach einer ähnlichen Ideenassociation des Schicksals
zusammen zu fügen, als die Bilder im Traume; mit
andern Worten: das Schicksal in und außer uns,
oder wie wir das bedeutende Ding sonst nennen wollen, redet dieselbe Sprache, wie unsre Seele im Traume.

me. Dieſer gelingt es deshalb, ſobald ſie ihre Traumbilderſprache redet, Combinationen in derſelben zu
machen, auf die wir im Wachen freilich nicht kämen;
ſie knüpft das Morgen geſchickt ans Geſtern, das
Schickſal ganzer künftiger Jahre an die Vergangenheit an, und die Rechnung trifft ein; der Erfolg zeigt,
daß ſie uns das was künftig, oft ganz richtig vor-
herſagt. Eine Art zu rechnen und zu kombiniren, die
ich und du nicht verſtehen; eine höhere Art von Al-
gebra, noch kürzer und bequemer als die unſrige, die
aber nur der verſteckte Poet in unſerm Innern zu
handhaben weiß.

Merkwürdig iſt es immer, daß jene Sprache
nicht bey jedem Menſchen eine verſchiedene, gleichſam
nach der Willkühr einer jeden Individualität ſelbſter-
ſchaffene iſt; ſondern daß ſie bey allen Menſchen ſo
ziemlich als dieſelbe, höchſtens dem Dialect nach etwas verſchieden erſcheint. Könnten wir im Tempel
des Amphiaraus im Traume mit einander reden, ſo
würde der americaniſche Wilde und der Neuſeelän-
der meine Traumbilderſprache verſtehen, und ich die
ihrige. Freilich hat auch hier die Sprache des Einen
ungleich mehr Wortreichthum, Umfang und Bildung,
als die des andern. Plato redet griechiſch, und der
Matroſe außen im Piräo auch, dennoch wird der Umfang dieſes Griechiſchen bey beyden ziemlich verſchieden
ſeyn; die gebildete Hofdame und die Bäuerin ſprechen
beide, und zwar in einer und der nämlichen Sprache,
von denſelben Naturgegenſtänden und Bedürfniſſen des
täglichen Lebens, und doch hat jene dafür ganz andre Worte
als dieſe. Oder auch, in einer Sprache die ſo unendlich
reich

reich ist wie jene geisterhafte, die für einen und denselben Gegenstand so viele Worte hat, pflegt die Seele des Einen vorzugsweise den oder jenen Ausdruck, die oder jene Lieblingsconstruction zu wählen, die des Andern jene. Gemeine Seelen sprechen demnach hier platt, gebildetere den höheren Dialect; wie in der Region des Scheines z. B. unser gemeines Volk plattdeutsch zu reden pflegt, der vornehme Stand hochdeutsch.

Man darf mit Recht annehmen: daß ein Theil des Inhaltes unserer sogenannten Traumbücher, sich auf gute, mehrfach wiederholte Beobachtungen gründe; während ein andrer Theil jenes Inhaltes freilich bloß aus aberwitzigen Zusammenreimungen und künstlichen Deuteleyen besteht. Die Traumbücher verschiedener Nationen, werden sich, beim Vergleichen, in der Hauptsache übereinstimmend zeigen, und diese Uebereinstimmung scheinet nicht bloß daher zu kommen, daß ein Theil der ältesten Traumbücher, z. B. jenes des Cardan in lateinischer Sprache geschrieben, und bei verschiedenen Nationen in den Händen der späteren Traumbeobachter waren. Unbefangene Selbstbeobachtung und selbst das, was uns Reisebeschreiber in jener Beziehung von nordamericanischen Völkern erzählen, führt uns auf ähnliche Prinzipien der Traumdeutung, als die in den Traumbüchern aufgeführten, und zum Theil dem gemeinen Volk aus Erfahrung und durch Tradition bekannten sind.

Wir wollen im Nachstehenden aus einem bewährteren Traumbuch einige Beyspiele von Traumbildern und ihren Deutungen mittheilen, welche zum Theil durch anderweitige Beobachtungen bestätigt sind.

Jener

Jener Zustand, wo die Seele mit einer Art von
Zusammenhang und Ordnung in ihrer Bildersprache
denkt und wirkt, ist schon ein höherer und vollkommnerer Grad des Traumes. Wir bemerken öfters, besonders
unmittelbar beim Einschlafen oder im Halbschlummer,
einen unvollkommneren Grad desselben, der dem Wachen näher steht, und gewissermaßen den Uebergang von
diesem zum eigentlichen Traumzustande bildet. Auf dieser
Stufe, deren wir uns beim Erwachen viel leichter erinnern, als des vollkommneren Traumes, laufen die zwey
verschiedenen Regionen mit ihren beyden verschiedenen
Sprachen noch eine Zeit lang parallel neben einander
fort, und vermischen sich auf eine unzusammenhängen-
de, unpassende Weise. So denken wir uns z. B. das
Wort: schreiben, und haben zu gleicher Zeit das Bild
zweyer Menschen vor uns, davon der eine den andern
auf dem Rücken trägt. Auf diese Weise läßt beym
Einschlafen der Traumzustand den wachen Verstand
noch eine Zeit lang in seiner Wörtersprache fortpredigen,
macht aber zu gleicher Zeit so fremdartige Gesticula-
tionen hinter ihm hervor, wie die versteckte Person
bey einer Schlafrockspredigt, bis zuletzt jener entschläft,
und nun die hinter ihm verborgne Traumwelt frey
hervortritt.

Auch im vollkommneren Traumzustand ist der
Bilderausdruck, dessen sich die Seele bedient, von
verschiedener Art, und bald mehr bald minder plan
und leicht verständlich. Oefters stellt uns ein prophetischer Traum die Begebenheiten des nächsten Tages,
in so ferne sich dieselben zu einer bildlichen Darstellung eignen, ganz so vor, wie sie uns hernach im Wa-

chen

chen begegnen, oder es mischen sich doch nur theilweise hieroglyphische und biloliche Bezeichnungen ein.
So sehen wir z. B. einen sehr entfernt geglaubten
Freund, der uns am andern Tag auf einmal durch
seine Ankunft überrascht, im Traume wirklich ankom-
men; das aber, was uns derselbe zu sagen hat, wird,
entweder mimisch dargestellt, oder wieder in Bilderaus-
drücke eingekleidet. Oder wir sehen im Traume in einem Zimmer voller Blut einen noch gesund geglaubten
Bekannten, der uns mit ernstem, bleichem Gesichte
sagt: es sey heute sein Geburtstag, und am andern
Tage müssen wir unvermuthet in demselben Zimmer das
wir im Traume sahen, Zeugen der Section jenes plötzlich Gestorbenen seyn. Selbst das, was wir im voll-
kommeneren Traume sprechen, behält, in so ferne es
eine große Verwandschaft mit der Region des Traumes (Gefühles) hat, öfters ganz den im Wachen gewöhnlichen Ausdruck und Zusammenhang bey, und
nur hie und da werden einzelne Gedanken auf eine im
Traume gewöhnliche symbolische Weise bezeichnet.
Ueberhaupt ist bey Vielen, eben vermöge jener Verwandschaft, der Traum ein treuer Spiegel des Wachens. Dagegen ist in andern Fällen der Bilderausdruck des Traumes so weit von dem Wortausdruck des
Wachens entfernt, daß er erst einer Uebersetzung in
diesen bedarf. Von dieser dem Traume eigenthümli-
cheren symbolischen Sprache, reden wir hier zunächst.

Die eine Wortklasse jener Sprache, die, worinnen
sie noch die meiste Verwandschaft mit der gewöhnlichen Wortsprache zeigt, bestehet aus Bildern, die ohngefähr hier dieselbe Bedeutung haben, wie im gemein
poeti-

poetischen oder bildlichen Ausdruck. Ein Weg der durch Dornen oder steil über Berge geht, bedeutet im Traume, wie im gemein poetischen Ausdruck, Unannehmlichkeiten und Hindernisse in unserm Lebensschicksal; ein Weg über Glatteis, drückt in beyden Arten zu sprechen, eine peinliche, gefährliche Lage aus; Finsterniß bezeichnet in beyden Betrübniß und Melancholie; den Ring empfangen: verlobt werden. In demselben Sprachgebrauch bedeuten Blumen: Heiterkeit, ein vertrockneter Bach: Mangel, das Eingesperrtseyn in eine Festung: Bettlägrigkeit; der Besuch des Arztes: Krankheit, Advokaten Unkosten; einen reisen oder übers Wasser gehen sehen: scheiden von ihm fürs ganze Leben.

Eine ganz vorzügliche Aufmerksamkeit verdient indeß jener aus den Traumbüchern *) und aus der gemeinen Erfahrung sehr bekannte Sprachgebrauch des Traumes, nach welchem die Seele durch irgend ein Bild gerade das Gegentheil von dem bezeichnet, was dieses im gemeinen Leben bedeutet; nach welchem sie fröhliche Bilder für traurige, und umgekehrt traurige Bilder für fröhliche Begebenheiten braucht. **) Dem
selt-

---

*) Z. B. das alte Frankfurter Traumbuch.

**) Der Traum selber ist schon bey vielen Menschen eine sonderbare Kehrseite des wachen Zustandes; sanfte, friedfertige Menschen, sind im Traume öfters über alles Maaß jähzornig und streitsüchtig, Feigherzige träumen am häufigsten von kühnen Thaten, und wer z. B. Augustins Selbstbekenntnisse gelesen, der wird sich noch an andere Widersprüche erinnern, worinn der Traum mit dem Wachen steht.

seltsamen versteckten Poeten in uns, scheinet Manches
erstaunlich lustig vorzukommen, was uns sehr traurig
macht, und umgekehrt scheint er über viele unsrer Freuden sehr ernste Ansichten zu haben; ein Zeichen daß
er sich überhaupt in unsrem jetzigen Zustande nicht so
ganz behaglich befindet. So bedeutet Weinen und
Betrübtseyn im Traume öfters nahe (sinnliche) Freude;
dagegen wird durch Lachen, durch Tanz, durch Spiel:
Betrübniß und Traurigkeit; durch lustige Comödien,
Spielkarten, lustige Musik (besonders von Geigen):
lauter Zank und Widerwärtigkeit angedeutet, und nur
das Singen soll auf Gutes weissagen. Eben so sollen das Grab oder ein Leichenkonduct öfters Hochzeit
bezeichnen, während umgekehrt, jemand im Traume
vermählen sehen, öfters den Tod desselben bedeutet.
Nicht minder wird in jenem höheren Styl des Traumes, unter Geborenwerden: der nahe Tod des Kranken, unter dem Geburtstage der Todestag verstanden.

In derselben Manier des Ausdrucks pflegt auch
der Traum durch das zur Bezeichnung gewählte Bild,
öfters mit Dingen, die im Wachen sehr geschätzt sind,
gleichsam Scherz zu treiben. So soll Koth im Traume öfters Geld; Erde essen oder Spreu sammeln,
reich werden und Schätze sammeln bedeuten; Geld soll
im Traume auch durch Blattern, Flecken am Leibe
und andre unangenehme Dinge bezeichnet, ja in der
altmodischen Sprache des Traumes sollen große Reich-
thümer unter dem Bilde des höllischen Feuers, oder
des Besessenseyns vom Teufel dargestellt werden.
Nicht minder sollen Geld und Gut im Traume unter
dem Bilde eines lastbaren Esels erscheinen, unter wel-

chem

chem jedoch auch zuweilen die Ehehälfte verstanden
wird; Bettler, Huren und Betrunkenheit, bezeichnen
das äußere gute Glück. Umgekehrt, deutet (kleines)
Geld auf Verdruß, ein naher Geldverlust erscheint
unter dem Bilde eines großen Gewinns; Schläge und
Wunden von Einem empfangen, soll gerade umgekehrt
auf Geschenke und äußere Güter deuten, welche der
Träumer von Jenem zu gewarten hat.

Auch in andrer hiermit verwandter Beziehung,
pflegt uns der versteckte Poet, wenigstens im Traume
an die Kehrseite alles unseres irdischen Glückes zu erinnern. Die nahe Beförderung zum äußern Glücke
soll sich öfters unter dem Bilde einer Todtenbahre ver-
sinnlichen; vor einer nahen äußern Glücks- und Stan-
deserhebung, soll der Traum manchen Personen das
Bild ihres eigenen Leichenbegängnisses zeigen; das
Kreuz, sonst Symbol des Duldens, soll Triumph
über die Feinde und Ansehen; Lilien blühen sehen:
Spott und Verachtung vor der Welt bedeuten.

Eine andre Wortklasse der Traumsprache, welche
vielleicht für den Psychologen von Profession nicht
minder wichtig ist, scheinet sich zum Theil auf tiefer
liegende Wechselbeziehungen zu gründen, und mit einer Natursprache in Verwandschaft zu stehen, in welcher jeder Gegenstand eine eigene, öfters mit seinen
uns bekannten Eigenschaften in keinem Zusammenhange
stehende Eigenschaft hat. So, um nur einige Beyspiele
zu geben, werden uns unsre eignen Leidenschaften und
Begierden im Traume unter dem Bilde häßlicher oder
furchtbarer Thiere, (die wir auf dem Schoße oder sonst
be-

hegen) verſinnlicht; eine Neigung zu irgend einem Gegenſtand, ſtellt der Traum zuweilen unter dem Bilde
eines Lichtſtrahls dar, welcher von der Bruſt des Liebenden aus, nach dem geliebten Gegenſtand hingehet,
die gelbe Farbe, z. B. der Anblick einer wie in gel-
bes Herbſtlicht getauchten Gegend, bedeutet im Traume Trauer, die rothe Farbe: Freude, gewiſſe Natur-
gegenſtände, z. B. Zwiebeln, Peterſilie, ſollen vermöge jener dunklen Wechſelbeziehung: Trübſinn und
Kümmerniß, Salz ein Fieber, Erdbeben: ein allge-
meines Unglück; Sonnenfinſterniß ſo wie Sturm und
Zeichen am Himmel, ſollen Leiden und tiefe Trauer
bedeuten. Die Hirten und Führer (Starken) des
Volkes, erſcheinen uns im Traume, wie dort dem
Ajax, unter dem Bilde von Stieren und Viehheerden,
(und ſchon das Haupt des Stieres bedeutet Macht), ein
äußres Ehrenamt oder der ſtärkere Gemahl unter jenem des Roßes, toller Streit unter dem des Cameeles.
Nach derſelben dunklen Weiſe des Ausdrucks, ſoll der
Nabel (durch den der Ungeborne zuerſt mit ſeiner Umgebung in Verbindung war) die Heimath, oder die
in ihr zurückgelaßenen Eltern, das Ohr und überhaupt mehrere Theile des Leibes: (Zähne, Hände,
Schenkel) die nahen Anverwandten, die Schulter: eine Beyſchläferin; die Biene: Feuer, der Wein: Macht
bedeuten.

Auf eine ähnliche räthſelhafte Weiſe erhalten
denn auch gewiſſe ſymboliſche Handlungen im Traume eine ganz eigene Bedeutung, ſo z. B. das Aus-
oder Anziehen eines Schuhes, wodurch die Seele
das Auflöſen oder Anknüpfen einer Verbindung
zwi-

zwiſchen zwey Perſonen verſchiedenen Geſchlechts bezeichnet.

Es iſt wohl möglich, daß der größte Theil der
hier gegebenen Beyſpiele von Traumbildern, zu dem
oben erwähnten platten oder niedern Dialect der
Traumſprache gehören; indeß hat man über dieſen
die meiſten Beobachtungen. Der höhere Dialect
ſcheint ganz mit jener Sprache übereinzuſtimmen, von
welcher im nächſten Abſchnitte die Rede ſeyn wird.
Beyde ſtehen übrigens in der genaueſten Verwandſchaft mit einander, und einer iſt aus dem andern
verſtändlich.

Die Bedeutung jener Traumhieroglyphen, iſt zu-
nächſt an vorherſagenden Träumen erforſcht worden.
Jene prophetiſche Combinationsgabe übt indeß die
Seele nicht in allen, und ſelbſt nicht in den meiſten
Träumen aus, eben ſo wie ſie auch im Wachen nicht
minder oft an das denkt, was vergangen, oder mit
ihren gegenwärtigen Wünſchen und Bedürfniſſen in
Beziehung iſt, als an das, was ſie künftig thun und
genießen will. Außerdem iſt ein großer Theil unſrer
Träume, wie ein großer Theil unſrer Geſpräche beym
Wachen, ein leeres, bedeutungsloſes Gewäſch, und
zuweilen hält ſich die Seele für das überflüßige Sprechen, was ihr im Wachen verſagt iſt, im Traume
ſchadlos, eben ſo wie ſie umgekehrt bey jenen tieferen
Seelen, denen im Wachen das Organ zu fehlen
ſcheint, im Traume ſich gewaltiger und gehaltreicher
ausdrückt als im Wachen. W.r bemerken indeß auch
in den nicht prophetiſchen Träumen, daß ſich die Seele

zum

zum Bezeichnen der Gegenstande eben solcher hierogly=
phischer Bilder bediene, als in den prophetischen. Ein
großer Theil unsrer Träume ist demnach ein Repro=
duciren des Vergangenen, oder ein freyes Spiel unse=
rer Neigungen und Gelüste, beydes in einer Welt
von eigenthümlichen Bildern und hieroglyphischen
Zeichen, und wenn die Seele zuweilen im Traume
über abstracte Gegenstände in der gewöhnlichen Wör=
tersprache und Gedankenfolge auf dieselbe Weise denkt
wie im Wachen, so verhält sich dieß zur eigentlichen
Region des Traumes eben so, wie jene phantastischen
Träumereyen, denen wir uns zuweilen im Wachen
überlassen, zu der eigentlichen Region des Wachens.

Uebrigens ist es mehr als wahrscheinlich, daß es
noch einen tieferen Grad des Traumzustandes gebe, von
welchem uns beym Erwachen nur höchst selten eine
dunkle Rückerinnerung zurückbleibt, weil er von der
Region des Wachens durch dieselbe Kluft geschieden ist,
als der Zustand der magnetischen Clairvoyance. Je=
ne tieferen Träume lassen indeß meist im Wachen eine
gewisse Stimmung und einen Theil jener Vorahndun=
gen (z. B. des nahen Todes) zurück, von welchem meh=
rere Beyspiele bekannt genug sind. Wie überhaupt
die ganze Welt der Träume in der Bildungs und
Entwicklungsgeschichte unsers Geistes eine wichtige
Rolle spielt, so scheint auch jener höhere Grad des
Traumes noch einer weiteren Nachforschung würdig.
Spuren desselben wird der Psycholog viele finden.

———

2. Die

2. Die Sprache der Poesie und der Offenbarung.

Wenn noch ganz neuerdings ein ehrwürdiger Gelehrter den Grund, warum die Sprache der Propheten zum Theil etwas so Dunkles, Unverständliches habe, bloß darinnen zu finden glaubt: daß die höhere Weisheit absichtlich ihre Pläne für die Zukunft nicht vor jedermanns Augen enthüllen wolle, damit die Parthey des Obscurantismus den Keim des noch künftigen Guten nicht im voraus ersticken, oder wenigstens das was sein Aufkommen fördert zurückhalten könne: so will diese Ansicht nicht durchaus genügen. Die höhere Hand hat von Anfang an immer Mittel zu finden gewußt, den noch zarten Keim mitten unter feindlichen Absichten zu bewahren, oder ihn in ein fernes Egypten zu verbergen, und von jeher ist nichts seinem Aufkommen und Gedeihen so förderlich und heilsam gewesen, als gerade jene Pläne die ihn unterdrücken wollten. Außer diesem ist es auch den Wenigen, deren geweihtes Auge jene Hieroglyphen versteht, niemals vergönnt zu schweigen Die andre Parthey, wenn sie nur sonst aufmerken möchte, würde noch zeitig genug erfahren, so viel sie zum Anlegen ihrer fruchtlosen Gegenpläne und Gegenmaschinen zu wissen brauchte, und der endliche Sieg der Wahrheit über die Lüge, würde durch jene Hindernisse nur um so schneller herbeygeführt, nur um so entscheidender und glänzender werden.

In einer etwas anderen Beziehung pflegt mein alter Lehrmeister, bey vorzüglich dunklen politischen Constellationen mit Sicherheit anzunehmen: daß das nicht geschehen werde, was die große Menge, und unter ihr vorzüglich die politischen Weisen, in frechem Uebermuth, für ausgemachte Sache halten, und schon als ganz gewiß hoffen oder fürchten; vielmehr schließt er dann gerade aufs Gegentheil, und hat sich, so viel ich von ihm weiß, in solchen Schlüssen, die sich auf die Dummheit des menschlichen Herzens gründen, noch nicht betrogen. Die Pläne der höheren Weisheit, sagt er, sind etwas Anderes als die Pläne und Schlüsse der blöden Menschenweisheit: beyde laufen einander meist gerade entgegen, und jene Weisheit würde überhaupt keine höhere seyn, wenn jeder dummdreiste politische Witz ihre Absichten durchschauen könnte.

In der That bedarf es keiner langen Beobachtungen, um einzusehen, daß wir in unsern Schlüssen und Plänen schon auf den nächsten Tag äußerst blind und unglücklich sind, und daß die Sprache des Schicksals uns unverständlich, sein Gang für uns ein verschlossenes Buch sey. In jener natürlichen Blindheit liegt denn auch der Grund, weßhalb uns die Vorherverkündigungen der Propheten, welche noch auf eine viel höhere Weise als der Traum die Sprache des Schicksals reden, so dunkel und unverständlich erscheinen.

Allerdings gleicht jene Sprache in Bildern und Hieroglyphen, deren sich die höhere Weisheit in allen ihren Offenbarungen an den Menschen bedient hat, eben so, wie die hiermit verwandte Sprache der Poesie, in unserm jetzigen Zustande mehr dem dunklen Bilderausdruck der Träume, als der Prosa des Wachens;

chens; indeß fragt sich sehr, ob nicht eben jene Spra=
che die eigentliche wache Rede der höheren Region sey,
während wir, so wach wir uns glauben, in einem lan=
gen, mehrtausendjährigen Schlaf, oder wenigstens in
den Nachhall seiner Träume versunken, von jener
Sprache Gottes, wie Schlafende von der lauten Rede
der Umstehenden, nur einzelne dunkle Worte vernehmen.

Was zuerst die Sprache der Poesie betrifft: so ist
ihre Verwandschaft mit der Sprache des Traumes schon
im Vorhergehenden bemerkt worden. Wie die letztere
der Seele natürlich und gleichsam angeboren ist, nicht
erst erlernt zu werden braucht, so ist nach der alten
bekannten Sage auch Poesie die ursprüngliche Sprache
der Völker gewesen, die Prosa überhaupt eine spätere
Erfindung und ältere Völker und Völkerbücher sprechen
noch immer für uns Sprache der Poesie. Jene, wie
diese redet ausdrucksvoller, gewaltiger, magischer zum
Gemüth als die Prosa des Wachens, und die Poesie
zeigt auch noch in anderer Hinsicht, daß ihr der Schlüs=
sel zu unserem innern Räthsel nicht fern liege. Wie
nämlich der Seele, wenn sie die Sprache des Traumes
spricht, peopyetische Combinationen, Blicke in das Zu=
künftige gelingen: so erhält sie diese Eigenschaft auch in
der Region der höheren Poesie; die wahrhaft poetische
Begeisterung und die prophetische sind sich verwandt;
Propheten waren wenigstens immer Dichter.

Freylich waren jene Verse, in denen Pythia in
den ältesten Zeiten immer sprach, oder in welche ihre
Aussprüche übersetzt wurden, nicht immer sonderlich
wohlklingend noch sonst eines Gottes der Dichter wür=
dig

dig. Man hat hier überhaupt nicht zunächst auf das
Metrum zu sehen, obgleich auch der Rhythmus *) ein
ursprünglicher Begleiter der ältesten Völkersprache gewesen. Uebrigens hat jene pythische Begeisterung mit
dem Zustande des lebhafteren Traumes die Art der
Sprache, und den eigenthümlichen dunklen, scheinbar
zweydeutigen Charakter gemein; abgesehen davon, daß
ein Theil der Orakel in Träumen ertheilt wurde. Die
zerrissene Weinrebe, wodurch das Orakel dem nach seiner Rückkehr in die Heimath fragenden Feldherrn den
nahen Tod, fern von den Seinen, andeutet; die höl-
zerne Mauer, worunter Schiffe; Schiffe, unter deren bestimmter Zahl die Zahl der Lebensjahre; das
Meer, worunter die Masse der zu beherrschenden Völker
verstanden werden u. s f, sind ganz im Sprachgebrauch
des Traumes. Eben so die dem gemeinen Sprachgebrauch öfters ganz entgegengesetzte, gleichsam ironische
Bedeutung der Orakelsprüche, wie z. B. jener dem
Crösus ertheilte: „er werde, wenn er über den Halys
ginge, ein großes Reich stürzen" was Crösus als Vor-
herverkündigung des nahen Sieges genommen, während
das Reich das er stürzte, sein eigenes war.

In einem solchen mehr oder minder ironischen Verhältnisse zu der Region des alltäglichen, gemeineren Bestrebens und Bedürfnisses, stehet überhaupt die ganze
Welt der Poesie, und schon die Lebensschicksale der
mei-

---

*) Die beruhigende, zum Theil einschläfernde und die Seele
in die Region der dunklen Gefühle und des Traumes
führende Wirkung des Metrums, macht uns dasselbe
hier noch in anderer Beziehung merkwürdig.

meiſten Dichter, laßen uns jenen Widerſpruch, in welchem die poetiſche Welt mit der nicht poetiſchen ſtehet, deutlich erkennen.

Der Geiſt des Prophetenthums iſt freylich von
jenem der Orakel ſo weit entfernt, als die ehemalige
Heimath der menſchlichen Seele: die Region der geiſtigen Gefühle, von der der ſinnlichen, worinnen ſie jetzt
weilt, und welche das Feld der pythiſchen Begeiſte-
rung des Traums, und aller hiermit verwandten Erſcheinungen iſt. Dennoch, wie auch in der äußern
Natur, in den verſchiedenſten Klaſſen und Arten der
Weſen, dieſelbe, nur mehr oder minder vollkommen
ausgeprägte Grundform wieder erkannt wird, finden
wir auch hier denſelben allgemeinen Typus in beyden
Klaſſen wieder, und die höhere ſpiegelt ſich in der niederen mit hinlänglicher Deutlichkeit ab.

Wie ſchon in der ungleich niederern Region des
Traumes, bey den verſchiedenartigſten Menſchen die
Bedeutung der Traumbilder faſt ganz dieſelbe iſt; ſo
iſt auch in der Sprache der Propheten ſchon von Mehreren jene Gleichartigkeit bemerkt worden, vermöge
welcher bey den verſchiedenſten Propheten unter denſelben Bildern immer das Nämliche verſtanden wird.
Wir ſehen uns bey Allen in dieſelbe Welt heiliger
Geſtalten und Kräfte verſetzt, finden bey allen dieſelbe
Natur, das nämliche Coſtüme, und dieſe Ueberein-
ſtimmung ſcheint, wenn wir verwandte geiſtige Erſcheinungen bey andern Völkern (Abſchn. 3) damit
vergleichen, nicht daher zu kommen, daß die Propheten alle Kinder eines Volkes waren.

Jens

Jene vier Thiere, allenthalben voll Augen, ohne Stillstand und voll lauten Lobes; die sieben Lampen, oder der siebenarmige Leuchter; die beyden Oelbäume und andre Bilder jener Art, *) finden wir bey Mehreren; das neu zu begründende Reich des Guten wird bey den verschiedensten auf dieselbe Weise, durch den zu bauenden oder auszumessenden Tempel bezeichnet, große Monarchien und Völkerfürsten unter dem Bilde chimärischer Thiere oder der Hörner; das Verhältniß zwischen Gott und seiner Gemeinde unter dem Bilde der Ehe; das Gewühl mannichfacher Nationen unter dem des Meeres; allgemeiner Untergang unter jenem des Erdbebens, der Stürme; das Unterliegen der Besseren, unter dem Bilde einer großen Aerndte; die Lehrer des Volkes unter jenem der Sterne; das Reich des Bösen, so wie das des Guten, unter dem Bilde einer großen Stadt; die Wiederbringung und Wiedererneuerung des zerstreuten Volkes Gottes, unter jenem der leiblichen Auferstehung. Eben so sind die (kriegbringenden) Wägen, mit starken Rossen bespannt, so wie jener Reuter, ausgesandt das Land als Rächer zu durchziehen, — der Brief — jenes Gefäß, worin die feindliche, abtrünnige Gewalt, in Gestalt eines Weibes verschlossen wird, wie schon St. Martin bemerkt hat, Mehrern gemein.

Jener Ton der Ironie, welcher schon in der Sprache des Traumes bemerkt wird, gehet denn auch, nur

auf

---

*) Die vier Thiergestalten (als Köpfe) finden sich auch bey dem Weltschöpfer der Orphiker und der persisch-indische Sonnengott Mithras hat sie als Attribute neben sich (nach Kanne.)

auf eine ungleich höhere Weise, durch die Vorhierver=
kündigungen aller Propheten hindurch. Während für
das geistige Reich des an andern Stellen als niedrig
und verachtet geschilderten Messias, die herrlichsten
und gewaltigsten Bilder gebraucht werden; sehen wir
alle Hoheit und Macht der nicht prophetischen Welt
auf die entgegengesetzte Weise unter niedrigen und ge=
ringen Bildern bezeichnet. Der Stolz jenes mächti=
gen Fürsten, welcher ganze Völker hinweggenommen,
wie man die hülflose Brut eines Vogels hinwegnimmt,
wird mit dem Stolze eines Steckens verglichen, den
ein starker Arm zum Schlagen braucht, so lange er
will, oder mit einem Horn, das die starke Hand des
Schmidtes hinwegschlägt, sobald sie mag. Jener
schöne Morgenstern, der die Völker bezwang, der in
den Himmel steigen, und seinen Stuhl über die Ster=
ne Gottes erhöhen wollte, wie der Allerhöchste,
ist zur Erde geworfen, wie das in Lumpen zerrissene,
verfaulte Kleid eines Todten, fern von seinem Grabe
hingeschleudert, wie ein verachteter Zweig, da sind
nun statt dem Klange der Harfen, Motten seine Ge=
sellschaft; jener Große, der so fest an seinem Orte
zu stehen glaubt, daß er noch Pläne über den Tod
hinaus macht, wird umgetrieben, wie eine Kugel, der
feste Felsen muß vor Furcht entfliehen. Ein gewal=
tiges Heer, zahllos wie Staub und wohlgerüstet, wird
mit einem ohnmächtigen Nachtgesicht im Traume ver=
glichen, seine Unternehmungen mit dem Thun eines
Hungernden im Traume, der sich an den erdichteten
Speisen zu ersättigen glaubt, und nur kraftloser vom
Schlafe erwacht. Die weisen Räthe der weisen Kö=
nige, werden mit Narren verglichen, die nicht wissen,

was

was sie wollen, der Tag des Herrn, der anderwärts grausam und traurig geschildert wird, erscheint unter dem fröhlichen Bilde eines Gastmahls, zu welchem die Schlachtthiere längst gemästet, und viele Gäste geladen sind; die Ruthe des Zorns kömmt mit Pauken und Harfen. Während die Wüste und Einöde lustig seyn, das Gefilde fröhlich stehen und blühen wird wie die Lilien und wie Carmel und Saron, sollen in den Pallästen blühender Städte aus den Trümmern Nesseln wachsen und Dornen, einsame Strauße in den ehemals fröhlichen Gassen weiden, Eulen und Raben in den Lustschlössern wohnen. Berge sollen zur Ebene, das Niedrige und Verachtete hoch werden. Und so spricht sich dieser Sinn des Gegensatzes und Widerspruches der höheren prophetischen Welt, gegen die niedere nicht prophetische, auf die verschiedenste Weise aus, was in dieser hoch, allgemein begehrt und glänzend ist, erscheint in jener unwerth und niedrig, und so wieder umgekehrt, und dieser Widerspruch hat sich nicht bloß in den Vorherverkündigungen, sondern auch in den Lebensschicksalen der Propheten, in dem Verhältnisse zu ihrer Zeit und ihrer Umgebung deutlich gezeigt.

Eine besondere Aufmerksamkeit scheinen die symbolischen Handlungen zu verdienen, welche den Propheten zum Theil anbefohlen werden, so wie die symbolischen Lebensschicksale einiger von ihnen. Daß auch in der Sprache des Traumes gewisse Handlungen eine symbolische Bedeutung annehmen, davon war schon im Vorhergehenden die Rede. Es gehört zu den wesentlichsten Eigenthümlichkeiten in der Sprache beyder

Regi-

Regionen: den Theil fürs Ganze zu brauchen, an einem Einzelnen die Geschichte des Ganzen darzustellen,
und wir finden in der Geschichte der Propheten öfters,
daß diese durch ihr eignes Schicksal das ihres gesamm-
ten Volkes repräsentirten.

Uebrigens ist die Sprache der höheren prophetischen Region mehr als irgend eine andre ihr verwandte: Sprache des Schicksals, Sprache einer alles wal-
tenden Gottesweisheit, und die Zukunft, selbst die
fernste, hat sich jenen Sehern so klar und deutlich
enthüllt, wie keinem andern. Der Inhalt aller Vorherverkündigungen der Propheten ist immer derselbe:
Geschichte des großen Kampfes der Wahrheit mit
der Lüge, des endlichen gewissen Sieges der erstern
über die letztre, und die Aussicht auf ein herrliches
Reich des Lichts, der Liebe, des Schauens.

Nun noch einige Worte, über ein hiermit nahe
verwandtes Gebiet: Die Lebensbeschreibungen und
Selbstbekenntnisse jener Menschen, welche ein inner-
liches Leben geführt haben, von jenen des Augustinus
an, bis zu den bekannten Bekenntnissen einer schönen
Seele, reden nicht selten von Zuständen, welche ganz
denen der prophetischen Gesichte gleichen. Besonders ist
das Leben der Anna Garcias, so wie jenes der An-
gela Foligni reich an ähnlichen Erscheinungen, und
der ersteren wird bald ihr innerer Seelenzustand, bald
ihr Verhältniß zur Welt oder zu Gott unter allerhand
(prophetischen) Bildern vorgestellt; z. B. unter jenen
von Thieren, Lichterscheinungen und anderen Naturgegen-
ständen. Beyspiele einer solchen höheren Clairvoyance

finden

finden sich auch in der neulich wieder bekannt gemach-
ten Lebensbeschreibung des Hemme Hayen. *) Auch
bey allen jenen Menschen geschehen die Mittheilungen
und Offenbarungen der höheren, geistigen Region in
einer Sprache, deren Worte hieroglyphische Gestalten,
Gegenstände und Bilder der Sinnenwelt waren, und
in einem einzign solchen Bilde, enträthselten sich ihnen öfters Dinge, mit denen sie sich Jahre lang angelegentlich beschäftigt, die sie Jahre lang als dunkles
Geheimniß bekümmert hatten.

Hieher gehört denn auch die ganze Region des
religiösen Cultus, und wir erinnern nur an das, was
von der symbolischen Bedeutung mancher Handlungen überhaupt gesagt worden. Schon aus der Geschichte der magnetischen Rapports ist es bekannt:
was jede noch so unbedeutende Berührung eines organischen oder nicht organischen Körpers sowohl auf diese
als auf den Leib des Berührenden zu wirken vermöge. In der höheren geistigen Region zeigt sich, nur
noch auf viel zärtere Weise, etwas dem Aehnliches.
Wer es empfunden, wie oft eine noch so unbedeutend
scheinende, mit Willen vollzogene Handlung, wie oft ein
einziges Wort einen so bedeutenden Einfluß auf unser geistiges Wohlbefinden habe, der sich durch ein inneres
Wohlgefühl oder Mißbehagen merklich macht, und wie
oft solche Handlungen eine lange andauernde, unser spä-
teres Thun bestimmende Nachwirkung zurücklassen, dem
wird jenes Verhältniß nicht schwer zu begreifen seyn.

Die

---

*) Leben des Hemme Hayen, eines niederländischen Bau-
ren, Nürnberg 1810.

Die Worte, z. B. mancher religiöser Hymnen
der früheren Zeit, erregen, wenn wir uns ihrer Wirkung überlaffen, Gefühle und Kräfte in uns, welche
faſt von einer magiſchen Wirkſamkeit ihrer dunkeln Bilderſprache zeugen, obgleich dieſe, neben der nüchternen
Proſa unſrer neuern (moraliſchen) Geſänge, die in
demſelben Grade erkälten und entkräften, einem höhern Wahnſinne gleicht, der, vor Liebe ſterbend, wie
dort Ophelia, mit Blumen ſpielt. Der religiöſe Cultus, mit ſeinen vielfach mißverſtandenen ſymboliſchen
Handlungen, iſt nichts anders, als ein ſolcher Hym-
nus deſſen Worte Handlungen ſind, welche ihre ma-
giſche Wirkung auf das empfänglichere Gemüth nicht
leicht verfehlen. Der Cultus höherer Art gehört ganz
in die Region der prophetiſchen Welt zu Hauſe, und
wird aus dieſer verſtanden, während der Cultus niederen Ranges, aus der Region der pythiſchen Begei-
ſterung hervorgehet.

Endlich, ſo zeigt auch jene hieroglyphiſche Bilderſprache, die man beſonders an egyptiſchen alten
Denkmälern und an den ſeltſamen Geſtalten der alten
Götzenbilder der Morgenländer kennen gelernt hat, eine
auffallende Verwandſchaft mit der Traumbilderſprache.
Vielleicht könnte es gelingen, durch Hülfe dieſer Verwandſchaft den verloren gegangenen Schlüſſel auch für
den bisher noch nicht enträthſelten Theil jener Natur-
zeichenſprache zu finden, womit dann für uns mehr
als eine bloße Erweiterung unſerer archäologiſchen und
mythologiſchen Kenntniſſe würde gewonnen werden:
eine Anſicht von der Bedeutung der uns umgebenden
Natur, von welcher ſich unſre gewöhnliche Naturkunde
nichts träumen läſſet.

3. Die

3. Die Symbolik der Natur.

Von jenen Bildern und Gestalten, deren sich die Sprache des Traumes, so wie die der Poesie und der höheren prophetischen Region als Worte bedienen, finden wir die Originale in der uns umgebenden Natur, und diese erscheint uns schon hierinnen als eine verkörperte Traumwelt, eine prophetische Sprache in lebendigen Hieroglyphengestalten. Der unbekannte Philosoph *) scheint deßhalb nicht ohne Grund die Natur mit einer Somnambüle, einer Traumrednerin zu vergleichen, welche überall nach derselben innern Nothwendigkeit, nach demselben bewußtlosen und blinden Triebe wirke, aus welchem die Handlungen eines Nachtswandlers hervorgehen, und deren Producte — in allen ihren mannigfachen Geschlechtern und Arten, den Bildern unserer Träume gleichen, die an sich selber unwesentlich, erst durch das was sie bedeuten, was sie darstellen, Sinn und Wesenheit erhalten.

In der That, die gemeine teleologische Ansicht machet aus der Natur ein Ungeheuer, welches, damit es nur eine Beschäftigung habe, ewig in seinen eigenen Eingeweiden wüthet; ein Caroussel, wo sich Katze und Maus, Maus und Katze, ewig in einem Kreise herumjagen, ohne dabei eigentlich „vom Flecke zum Zwecke,, zu kommen. Wenn z. B. nach jener Ansicht ein Theil der untergeordneten Thierwelt nur dazu da ist, um von der höheren gefressen zu werden, diese höhere

*) Esprit des choses humaines.

here wiederum ihrerseits meistens nur dazu, um die
sonst sich gar zu sehr mehrende niedere aufzufressen;
so begreift man nicht, wozu denn am Ende dieses Fres-
sen und Gefressenwerden eigentlich führen solle? Die
Natur, in welcher übrigens die Zahl der Individuen,
im Einzelnen wie im Ganzen und von der möglichen
Summe der Polypen eines Corallenbaums an, bis hin-
auf zu der Summe der zu gleicher Zeit auf der Erde
lebenden Menschen so genau bestimmt ist, *) verstünde
wirklich den Calcul in ihrer Haushaltung sehr schlecht
und unhäuslich zu führen, wenn sie auf der einen
Seite eine so unverhältnißmäßig große Menge von Vor-
räthen herbeyschaffte, daß sie wieder eigner Wesen be-
dürfte, die jene nur aufzehrten, auf der andern ganze
große Supplemente und Anhänge an ihre, zunächst
bloß für den Menschen bestimmte Welt verfertigen
müßte, weil in derselben für den Lebensunterhalt der
dem Menschen dienenden Wesen noch zu ungenügend
gesorgt gewesen.

Der verstorbene Wieland beklagte bey dem Anblick eines Feldes voll frischen, blühenden Klees scherz-
haft, daß er nicht eine Kuh sey, um diesen schönen
Vorrath selber verzehren zu können; und in der That,
in einer Natur, deren ganze Bestimmung doch nur
am Ende darauf hinaus liefe, den Menschen zu füt-
tern und zu bekleiden, begreift man nicht, warum
nicht

---

*) Man denke nur an die so viel größere Fruchtbarkeit des
Menschengeschlechts, nach manchen Pestepidemien der
früheren Jahrhunderte.

nicht hie und da öfter solche Abbreviaturen angebracht
sind? um so mehr da auch von einer andern Seite,
wie schon der seynsollende Gottesläugner Vanini am
Scheiterhaufen stehend sagte, die Betrachtung eines
bloßen Strohhalmes Beweise genug zu. das Daseyn
eines Gottes geben könnte.

Unserer gemeinen teleologischen Ansicht spottet schon
in altes Buch, welches fragt „meynst du das Ein-
ehorn werde dir dienen, und werde bleiben an deiner
Krippe?" oder: „kannst du den Leviathan ziehen mit
einem Hamen," . . . meynest du, die Gesellschaften
werden ihn zerschneiden, daß er unter die Kaufleute
zertheilet wird? „und es widerspricht ihr die ganze
Bildungsgeschichte des Menschen. Diese, weit entfernt, der Annahme einer solchen epicurischen Fürsorge,
welche die ganze Natur nur zur Belustigung unserer
Sinne hervorgerufen, das Wort zu reden, hat vielmehr von jeher von einer höheren Bestimmung des
Menschen als jener des sinnlichen Genusses gesprochen,
und der Weg zu der ursprünglichen Region unseres
Gemüths, gehet durch Abgeschiedenheit und Ent-
blößung von allem Sinnlichen. Ueberhaupt scheinet
nach allem nicht der sinnliche Mensch, und die Befriedigung seines niederen Bedürfnisses, sondern der
geistige und seine Ausbildung, Hauptaugenmerk der
schaffenden Natur gewesen zu seyn.

Eine höhere, aber auch nicht durchaus genügende
teleologische Ansicht, ist die aus der allgemeinen Nothwendigkeit des Gegensatzes (ergeleitete, nach welcher
ein Gegensatz nicht da seyn könnte ohne den ihm
gegen-

gegenüberstehenden andern, die leber z. B. in der Regel nicht produzirt werden könnte, ohne daß zugleich
der andere Pol, die in Hinsicht ihres physiologischen
Nutzens räthselhafte Milz mit gesetzt würde, die Nie-
ren nicht ohne die Nebennieren, die Pflanzen fressenden
Thiere nicht ohne die ihnen gegenüber stehenden Raubthiere. Indessen gehet dennoch die wahre Teleologie,
welche zwar auch den Menschen als Mittelpunkt alles
Erschaffenen, die ganze Natur (nur in geistiger
Hinsicht) in Beziehung auf ihn vorhanden annimmt,
nicht von dieser Ansicht, sondern von andern tiefer
liegenden Prinzipien aus.

An eine geistige Bedeutung der uns umgebenden
Natur, an eine sogenannte Natursprache, ist schon öfters und bey mehreren Völkern gedacht worden. Merkwürdig ist es immer, daß gewisse Thiere, gewisse
Blumen u. s. w. bey den verschiedensten Völkern und
in den verschiedensten Zeiten einerley Bedeutung gehabt haben, die mit ihren uns bekannten Eigenschaften in keinem sichtbaren Zusammenhang stehet, z. B.
der Eisvogel, der Alcyon der Alten, der noch jetzt bey
halb kultivirten und wilden Nationen, bey den Tar-
taren und Ostiaken sowohl als bey den Bewohnern
der Südsee Inseln dasselbe bedeutet, was er den Alten war, Vogel des Friedens und des Glücks, Bän-
diger der Stürme und des Meeres, und so mehrere
Thiere, von deren einigen noch hernach die Rede seyn
wird. Auch die künstliche Blumensprache, die vorzüglich in den Morgenländern zu Hause ist, scheint
wenigstens von der Voraussetzung auszugehen, daß
eine solche Natursprache möglich sey, obgleich sie meist
will-

willkührlich zu Werke geht, und nur selten an einer tieferen Bedeutung der Naturgegenstände hinstreifet. So könnte z. B. eben so gut die eine als die andre Blume in jener Briefsprache eine Zusammenkunft, oder das eifersüchtige Auge des Wächters bedeuten, und wirklich (man denke nur an die so verschiedene Bedeutung des Stiefmütterchens, im Deutschen und im Französischen) ist fast jede Nation mit solchen willführlichen Auslegungen auf eigene Weise zu Werke gegangen. Wenn dagegen z. B. die Herbstzeitlose (colchicum autumnale) deren lilienartige Blume noch im Herbst, wenn die Zeit fast aller andern Blumen vorüber ist, unsre Wiesen bedeckt, und nach wenig Tagen wieder verschwindet, ohne Blätter oder Früchte erzeugt zu haben, die dann erst im Frühling des nächsten Jahres zum Vorschein kommen, in jener Blumensprache die Unsterblichkeit, das im jetzigen Leben ungestillte, erst im Frühling eines neuen Lebens in Erfüllung gehende Sehnen bedeutet, *) so scheint eine solche Auslegung einem tiefer eindringenden Verständniß wenigstens nicht ferne zu stehen.

Schon bey den Alten **) ist jener in den Mysterien gefeyerte Dionysos die Vielheit, er offenbart sich als bunte Mannigfaltigkeit der Elemente und Geschlechter

---

*) Hierin dem Asphodelos der Alten nicht unähnlich.

*) Ueber alle hier erwähnten Ansichten des Alterthums sehe man Creuzers Symbolik und Mythologie, besonders das dritte Buch, aus dem sie hier wörtlich entlehnt worden.

ter der uns umgebenden Natur. Derselbe Dionysos
ist nach der Geheimlehre der Egypter, Gott aus Gott
geboren und ihm wird als Zagreus sein Sitz unmittelbar neben dem Throne des Gottes der Götter und
die Macht des Vaters eingeräumt, ja in den orphischen Mysterien ist er der Gott der Götter selber. Jener Fleischgewordne Gott, — der den Indern zweyte
Person der Gottheit ist, den egyptischen Priestern der
ewige Entscheider uud B stimmer aller Dinge und so-
mit auch Herr der Schicksale und Schicksalsdeuter —
erster Prophet (Sprecher der Schicksalssprache nach dem
Vorhe gehenden) wird anderwärts das Wort aus Gott
genannt. Die uns umgebende Natur in allen ihren
mannigfaltigen Elementen und Gestalten, erscheint hier-
nach als ein Wort, eine Offenbarung Gottes an den
Menschen, deren Buchst ben (wie denn in dieser Region alles Leben und Wirklichkeit hat) lebendige Gestalten und sich bewegende Kräfte sind. Auf diese
Weise wird dann die Natur das Original jener Na-
turbildersprache, worinnen die Gottheit sich ihren Propheten und anderen Gott-geweihten Seelen von jeher
offenbart hat, jener Sprache, die wir in der ganzen
geschriebenen Offenbarung finden, und welche die Seele
als die ihr ursprüngliche und natürliche, im Traume,
und in den hiermit verwandten Zuständen der poetischen und pythischen Begeisterung redet. Eine solche
Gemeinschaftlichkeit der Sprache unserer Seele und des
höchsten schaffenden Prinzips, lässet auch auf eine andre tiefere Uebereinstimmung beyder schließen. Dasselbe Prinzip, aus welchem die ganze uns umgebende
Natur hervorgegangen, zeigt sich unter andern auch in
uns, bey der Hervorbringung jener Traum- und Na-

tur-

tur=Bilderwelt thätig, obgleich gerade diese Thätig=
keitsäußerung, in dem jetzigen Zustande nur ein sehr,
untergeordnetes Geschäft der Seele ist.

Dasselbe, was wir bey der Sprache des Traumes
bemerken, jenen Ton der Ironie, jene eigenthümliche
Ideenassociation und den Geist der Weissagung, fin=
den wir denn auch auf ganz vorzügliche Weise, in
dem Originale der Traumwelt, in der Natur wieder.
In der That, die Natur scheint ganz mit unserm ver=
steckten Poeten einverstanden, und gemeinschaftlich mit
ihm über unsere elende Lust und lustiges Elend zu spot=
ten, wenn sie bald aus Gräbern uns anlacht, bald an
Hochzeitbetten ihre Trauerklagen hören lässet, und auf
diese Weise Klage mit Lust, Fröhlichkeit mit Trauer
wunderlich paart, gleich jener Naturstimme, der Luft=
musik auf Ceilon, welche im Tone einer tiefklagenden,
herzzerschneidenden Stimme, furchtbar lustige Menuetten
singt. Die Zeit der Liebe und der Freude ist es, wenn
die Nachtigall ihren klagenden Gesang am meisten hö=
ren lässet, worinnen sie nach einem dichterischen Aus=
druck, die Rose über Gräbern besinget, und alle Freu=
dengesänge der Natur haben den klagenden Mollton,
während umgekehrt ein ephemeres Geflügel den Tag
seiner Hochzeit unmittelbar am Grabe, am Tage des
Todes feyert. Tod und Hochzeit, Hochzeit und Tod
liegen sich in der Ideenassociation der Natur so nahe
wie in der des Traumes, eins scheint oft das andere
zu bedeuten, eins das andere herbeyzuführen oder vor=
auszusetzen; sie erscheinen öfters in der Sprache der
Natur als zwey gleichbedeutende Worte, davon nach
Gelegenheit eins für das andre gesetzt wird. Die
Er=

Erzeugung und letzte Auflösung der Körper, sind sich,
wie schon anderwärts bemerkt worden *), in der ganzen Natur, sowohl in Hinsicht der Erscheinungen als der dabey hervorkommenden Stoffe unmittelbar verwandt und gleich; Phosphorus ist Morgen-
wie Abendstern, Fackel der Hochzeit und des Todes,
und während der eine Theil des immer kreisenden Ra-
des sich zur neuen Zeugung emporhebt, geht der andere in demselben Verhältniß hinabwärts. Schmerz
und Lust, Lust und Schmerz sind auf dieselbe Weise
verbrüdert: das Kind der Freude wird mit Schmerzen geboren, auf den höchsten Grad der sinnlichen
Unlust und Qual, folget, selbst schon im Zustande der Ohnmacht und des Scheintodes die höchste Lust
**); umgekehrt, ist die sinnliche Lust eine Gebährerin
des Schmerzens.

Jene seltsame Verschwisterung scheinet die Vorwelt wohl verstanden zu haben, wenn sie den Phallus oder dessen colossales Sinnbild, die Pyramide als
Mahlzeichen auf Gräber gestellet, oder das geheime
Fest der Todesgottheit mit Vortragung des Phallus
gefeiert; obgleich jene Aufopferung des Werkzeuges
sinnlicher Lust, der rohe Ausdruck auch noch eines andern tieferen Verständnisses gewesen. Mitten unter
den Todesfeierlichkeiten und den Trauerklagen der
My-

_____

*) Im zweyten Bande meiner Ahndungen einer allgemei-
nen Geschichte des Lebens, Abschn. 1.

**) Man sehe das eben genannte Werk am angeführten
Orte.

Mysterien, ertönte, wie in einer Shakspearischen Tragödie, die Stimme des Lachens über Baubo und Jacchus; mitten unter zum Theil komischen und heitern Feyerlichkeiten, blickte öfters ein sehr ernster und tragischer Sinn hervor.

Ein ähnlicher Humorismus der Natur hat denn auch Liebe und Haß in der ganzen Region der Sinnenwelt aufs mannigfaltigste verschwistert. Beyde liegen sich hier so nahe, daß man oft bey gewissen Aeußerungen, z. B. der thierischen Natur nicht zu unterscheiden vermag, aus welcher von beyden Quellen sie gekommen. Das Fest der Liebe wird bey vielen Thieren mit Zweykämpfen der Männchen, mit blutiger Erbitterung begonnen, furchtbarer Haß und rasende Zuneigung gehen aus derselben Basis hervor, und öfters (wenn z. B. das männliche Raubthier das Weibchen, um dessen Gunst es sich lange vergebens bemüht, zuletzt zerreißt, und mit ungewöhnlicher Wuth frißt, *) oder wenn das Weibchen mancher Insecten sein Männchen gleich nach der Begattung umbringt und zerstückt,) erscheint die sinnliche Zuneigung nur wie ein grimmiger Haß, welcher die Maske der Liebe angenommen, und umgekehrt.

So findet sich denn auch anderwärts in der Natur dieselbe (ironische) Zusammenstellung der entferntesten Extreme. Unmittelbar auf den vernünftigen, ge-

---

*) Wie jener Bär in einem vormaligen Thiergarten der sächsischen Schweiz.

gemäßigten Menschen, folgt in der Ideenassociation
der Natur der tolle Affe, auf den weisen, keuschen
Elephanten das unreine Schwein, auf das Pferd der
Esel, auf das häßliche Cameel die schlanken Rehar-
ten, auf die mit dem gewöhnlichen loos der Säug-
thiere unzufriedne, dem Vogel nachäffende Fledermaus,
folgt in verschiedener Hinsicht die Maus, die sich kaum
aus der Tiefe herauswagt; dann wieder auf den win-
digen, immer unruhig bewegten Affen, der träge lort,
und selbst das Faulthier scheinet nach einer gewissen
Affenähnlichkeit seines äußeren Gesichtsumrisses der
träumenden Natur nicht gar zu fern vom Affen weg
zu liegen.

Auch von jener prophetischen Combinationsgabe,
von jener Verknüpfung des Morgen mit dem Gestern,
welche in der Sprache des Traumes bemerkt worden,
findet sich in der Natur das Urbild. Diese Combinationsgabe ist es, vermittelst welcher jedes Bedürfniß
in der Natur, schon bey seinem Erwachen alles um
sich her bereitet, und für alles gesorgt findet, wessen
es zu seiner Befriedigung bedarf. Vermöge jener
Voraussicht baut die Mauerbiene den noch ungelegten
Eyern ihre Zellen, und nimmt hierbey schon auf das
Geschlecht der noch Ungebornen Rücksicht, versorgt sie
auf die einem jeden angemessene Weise mit Vorrath.
Ein Geschlecht der Thiere, das noch keinen Winter er-
lebt hat, ist schon während des Sommers für den zu-
künftigen Winter besorgt; kaum aus der Hülle hervorgegangen, und zum ersten Male am Sonnenstrahle sich
wärmend, hat es schon deutliche Vorgefühle von dem
nahen Witterungswechsel; eben so wie jene kran- haft

3

indi-

individualifirten Theile des menfchlichen Körpers, die
fich durch ihr falfches Selbftfländigwerden und Abfon-
dern, der Einheit des wachen Willens entziehen, und
fich in die Region der Befonderheit, der äußern Na-
turbinge verfetzen. So wie der Menfch öfters im
Traume und anderen hiermit verwandten Zufländen,
ganz zufällig fcheinende äußere Begebenheiten: z. B.
den Einfturz einer Wand, eines Schachtes oder andre
Ereigniffe, die ihm den Untergang drohen, voraus erfährt; fo entfliehen auch Thiere, dem nach menfchlichen Einfichten durchaus nicht vorauszufehenden Berg-
fturze; der fonft fo zärtlich beforgte Muttervogel, verläßt felbft die am unfichern Orte befindliche Brut, während der wache Menfch noch mit unbedachtfamen Leicht-
finne, unten im Thale, in dem fchon für ihn geöffne-
tem Grabe, Freudentänze und Luftbarkeiten hält. Auf
diefelbe Weife vermeiden Thiere oft lange vorher Gegenden, denen ein vulkanifcher Ausbruch oder Erdbeben
bevorftehen, *) während der Menfch noch unwiffend
auf dem gefahrvollen Boden gräbt und erndtet, und es
find Beyfpiele bekannt, wo Thiere, befonders Pferde,
mit einem faft menfchenähnlichen Ahndungsvermögen,
nahen Gefahren ausgewichen **). Jene Combinationsgabe ift es, welche die wandernden Thiere über
weite Meere hin, ficher nach dem fernen Welttheile
führet, während der menfchliche Verftand Jahrhun-

derte

---

*) Z. B. der Seidenfchwanz in dem Jahre 1551.

**) Kluges Verfuch einer Darftellung des thierifchen
Magnetismus als Heilmittel. Pag. 290.

derte lang selbst über das Daseyn jenes Welttheiles
ungewiß war.)

So ist jener Trieb, welchen wir in der ganzen
Natur herrschen sehen, durchaus prophetischer Natur,
und der Schicksalsgott Dionysos, welcher anderwärts
als Traumgott, als Traumprophet, *) erscheinet, wal-
tet hier, wie in der Region des Traumes, und der
verwandten geistigeren Zustände, mit einer alles ord-
nenden, alles in Uebereinstimmung setzenden Nothwendigkeit.

Wir finden indeß jenen prophetischen Geist, welchen die Natur schon in Beziehung auf sich selber,
auf ihre eigenen Bedürfnisse besitzt, auch noch in einem viel höheren Sinne, und in Beziehung auf den
Menschen in ihr wieder. Seit den ältesten Zeiten hat
eine reine, unbefangene Betrachtung, in der Natur
ein Abbild des menschlichen Lebens und Bestrebens
gefunden, und auch den aus dem anfänglichen Kreise
weit abgewichenen Menschen, erinnert die Natur auf
mannigfaltige Weise an seine ursprüngliche Bestimmung. Der Anblick einer hohen einsamen Gebirgs-
gegend, das Wehen der Abendröthe, erwecken öfters
den in uns schlummernden Ideenkreis einer höheren,
geistigeren Welt und ein Verlangen, welches vergeblich seine volle Befriedigung von dem jetzigen Daseyn begehrt.

Wie dem Menschen aus der ihn umgebenden
Natur das Bild seines eigenen sinnlichen Daseyns vor
allen

---

*) Creuzer, u. a. O.

allen Seiten zurückstrahlt; so findet er in derselben auch sein innres, geistiges Leben abgespiegelt. Der Geist der Natur scheint sich mit denselben Gedanken, mit denselben Problemen zu beschäftigen, welche auch dem unsrigen am meisten anliegen, und welche derselbe am meisten zu lösen bemüht ist. Nicht ohne höhere Bedeutung ist es in jener Hinsicht, daß uns in der Insektenmetamorphose das Erwachen „nach dem höhern ursprünglichen Vorbilde" aus dem Tode der unvollkommneren Larve dargestellt wird. Der Geist der Natur thut hier wirklich einen prophetischen Blick über das jetzige Daseyn des Menschen hinaus, und beantwortet diesem hiermit eine der angelegentlichsten Fragen seines Geistes.

Wir erwähnten vorhin, daß der Inhalt aller Vorherverkündigungen der Propheten, der Inhalt aller Offenbarungen Gottes, ein gemeinschaftlicher, und überall derselbe sey: die Geschichte einer Wiederherstellung und Wiederbringung des Menschen zu seiner ursprünglichen Bestimmung, die Geschichte eines großen Kampfes des Lichts mit der Finsterniß und des endlichen Sieges der Wahrheit über die Lüge. Wenn die Natur ein Wort der ewigen Weisheit, eine Offenbarung derselben an den Menschen ist, so muß auch diese Offenbarung von demselben Inhalt seyn, wie die mit Buchstaben geschriebene, durch Menschen geschehene. Denn daß auch das Buch der Natur zunächst bloß für den Menschen geschrieben sey, leidet keinen Zweifel, da er das einzige Wesen der uns sichtbaren Welt ist, welches von Natur den Schlüssel zu jener Hieroglyphensprache besitzt.

In

In einer gewissen Hinsicht erscheint die uns umgebende Natur als ein Schrittmesser, an welchem sich
der Gang der Entwicklung des höheren Geisterreichs,
vollkommen nachweisen lässt. Zugleich mit dem ursprünglichen Zustande des Menschen veränderte sich
auch die ihn umgebende, mit ihm in Beziehung stehende Natur. In anderer Beziehung erscheinet diese,
welche jetzt keine andre Geschlechter mehr schaffet, sondern zu dem schon fertig geschriebenen Buche höchstens
Varianten, der Zeit sich accommodirende Abänderungen
der Arten liefert, als der früher vollendete Theil eines
höheren Ganzen. Da bey der Erzeugung des Einzelnen dieselben Prinzipien, dieselben streitenden Kräfte
thätig gewesen, aus denen das höhere Ganze hervorgeht, so muß die Geschichte des letzteren schon in jener des Einzelnen zu erkennen seyn, eben so wie sich
in der Geschichte des einzelnen Menschen die Entwicke-
lungsperioden des ganzen Geschlechts nachweisen lassen,
oder wie sich an der zugleich, in einem und demselben Monat blühenden Pflanzenflor, an den zugleich
auf der Erde lebenden Völkern und einzelnen Menschen alle die verschiedenen Entwickelungsstufen neben
einander zeigen, welche die ganze Klasse, das ganze
Geschlecht in den verschiedenen Monden und Jahrtau-
senden nach einander durchlaufen müssen.

In der ganzen uns umgebenden Sinnenwelt zeigt
sich, eben so wie in der geistigen, der stete Kampf
zweyer Prinzipien, welche ursprünglich einander be-
freundet, eins das andre voraussetzend, bey einem gegebenen Punkte sich feindlich gegen einander entzünden.
Der Kampf zwischen beyden läßt sich durch die verschieden-

sten

ften Entwicklungsstufen — Klassen und Geschlechter (ein
Abbild eben so vieler Weltenalter, Epochen, größerer
und kleinerer Zeitabschnitte) verfolgen, bis dahin,
wo zuletzt das zerstörende Prinzip von dem ihm entgegengesetzten besiegt wird, und wo sich gleichsam per-
spectivisch, wie in weiter Ferne und in immer mehr
verlöschenden Umrissen, eine Periode der Vollendung,
frey vom Kampfe, und ein Reich des Friedens darstellt. Der Inhalt jenes großen Hieroglyphen-Bu-
ches ist mithin derselbe, als der der geschriebenen
Offenbarung.

Auch die uns umgebende Natur ist übrigens
(selbst nach der heiligen Tradition) nicht auf einmal,
sondern in verschiedenen Zeiten nach einander entstanden. Wir hoffen, uns mit dem Zodiacus dieser verschiedenen Entwicklungsstufen anderwärts ausführlicher
zu beschäftigen, und heben hier nur einige wenige dahin gehörige Momente aus, wobey wir zunächst bloß
bey dem Thierreich stehen bleiben.

Das älteste Sternbild unsers Zodiacus, die früheste Thierwelt, erhebt sich aus dem Gewässer, ihr
Charakter scheint eine in sich selbst gekehrte Ruhe,
Innerlichkeit und festes Zusammenhalten mit dem eigenthümlichen Centro. Von einem großen Theile der
Polypen, Würmer, Fische, steigt dasselbe durch eine
Art von höheren Puppenzustand der letzteren Klasse,
durch die Cetaceen (... lamentine, Masen, Nilpferd)
zu den Pachydermen. Der Repräsentant dieses ältesten Weltenalters ist der Elephant. Größere Kör-
permasse, längere Lebensdauer, harmonischere Ueberein-
stim-

ſtimmung mit dem urſprünglichen Zwecke der Natur,
(Unſchädlichkeit) welche dieſer Thierformation vor allen andern zukommen, ſind überhaupt Charakter der äl-
tern Zeit. Noch ſtehet dieſer Kreis von Weſen in einer
Region des Friedens, er iſt vor jenem der Raubthiere,
und über ihn erhoben, was ſich ſchon dadurch zeigt,
daß er bis zu einem gewiſſen Grade von den Raubthieren unbezwinglich, für dieſe gleichſam nicht vorhanden, außer Beziehung auf dieſelben iſt. Zugleich iſt
aber auch dieſe Weltperiode des Thierreichs meiſt außer näherem Verhältniß zum Menſchen, ſie iſt auch
für ihn zum Theil unbezwingbar; während ſich eine
faſt eben ſo alte Thierwelt, deren Repräſentant der
Stier iſt, ſchon ungleich näher und inniger den Bedürfniſſen des Menſchen anfügt, unmittelbar für den
Menſchen vorhanden ſcheint. Dieſer zweyte Kreis
ſinkt mit dem Menſchen zugleich, in der dritten Periode, in die Region des Kampfes, der Zerſtörung.
Es zeichnet die Thiere der dritten, ebenfalls ſehr alten Formation, die größeren Raubthiere, — eine vorzügliche Menſchenähnlichkeit aus, ſey es nun, daß ſie
mit dem Menſchen in einer noch näheren Beziehung
geſtanden, als die beyden früheren, und daß der
Menſch, der nach der älteſten Tradition Urſache jener
Kataſtrophe war, durch welche Kampf und Widerſpruch in die ihn umgebende Natur kam, ſie vorzüglich mit in ſeinen Fall verwickelte; oder daß ſie zum
Theile erſt ihre Entſtehung jener durch den Menſchen
herbeygeführten, großen Veränderung verdanken. Repräſentant dieſes dritten Sternbildes iſt der Löwe.
Die körperliche Größe, längere Lebensdauer, jene
Innerlichkeit und Ruhe, welche die frühere Thierwelt
cha-

charakterifirten, fangen nun an sich zu vermindern,
die zerstörende Kraft tritt aus der anfänglichen Ge-
bundenheit hervor, und hier verläßt die Natur
die ursprüngliche Harmonie, sie steht feindselig g e-
gen den auf, für welchen sie eigentlich ihre Kräfte
brauchen sollte. Der Geist eines beständigen Widerspruches ist nun in die Natur eingeführt, und der jenen bösen Geist citirte, kann das Wort nicht finden,
ihn wieder hinweg zu bannen; es entsteht jener Kampf,
der denn durch alle die verschiedenen Formationsstu-
fen des Thierreiches hindurch gehet. Noch wird der
Kampf der beyden entgegengesetzten Kräfte auf dieser Stufe der mächtigeren Bildungen offen und mit
sichtbaren Waffen geführt, das erhaltende Prinzip siegt
auch hier durch größere Productionskraft der am
meisten leidenden Geschlechter, während bey den schwächeren Geschlechtern der jüngsten Perioden der Kampf
gleichsam mit unsichtbaren Waffen, durch Gifte u. s.
w. geführt wird.

Jene älteren Thierfamilien dürfen nämlich als
der Theil des großen Naturbuches betrachtet werden,
welcher uns die Geschichte einer frühen Vergangenheit,
die der ersten großen Katastrophe aufbehalten hat. In
dieser Hinsicht wird z. B. der Stier, Sinnbild einer
noch reineren, höheren, mit dem Menschen und um
des Menschen willen schuldlos leidenden Natur. Die nun folgenden, jüngeren Theile der Natur-
Offenbarung, enthalten die Geschichte der späteren
Weltperioden.

Man hat die Vorherverkündigungen der Propheten in denen die näher an der Zeit des Sehers gelegenen

genen Ereigniſſe klärer, die ferner davon liegenden, immer dunkler und zuſammengedrängter erſcheinen, zuweilen mit der Ausſicht in eine weiten Ferne, z. B. mit der durch eine lange Allee verglichen, wo die nächſten Gegenſtände größer, deutlicher, und weiter von einander entfernet, die weiter abgelegenen, im Verhältniß der zunehmenden Entfernung immer undeutlicher, kleiner, und näher zuſammengerückt erſcheinen. Auch in der Geſtaltenſprache der Natur ſcheinen ſich die Umriſſe immer mehr zu verkleinern, immer zärter und undeutlicher zu werden, je jünger und neuer die Thierformationen werden, und je mehr der Inhalt der einzelnen Abſchnitte die fernſte Zukunſt betrifft. Wir finden dieſes am meiſten bey den jüngſten und letzten Sternbildern des großen Zodiacus. Mit Uebergehung der andern, wollen wir uns hier zunächſt mit dem letzten Gliede beſchäftigen.

Die Klaſſe der Inſecten und zum Theil die der Würmer, ſind ſchon von Mehreren als ſpäter entſtanden, als jünger denn die übrige Natur betrachtet worden. In der That gründet ſich das Daſeyn dieſer Thiere größtentheils auf den Tod, auf die Verweſung und Zerſtörung der früheren Natur, welche mithin bey dem Entſtehen jenes jüngern Naturreiches als ſchon vorhanden vorausgeſetzt wird. Wir bemerken in der Klaſſe der Inſekten zum Theil ganz neue, den älteren Klaſſen nicht zukommende Verhältniſſe; ſo zeigen ſich z. B. ſtatt der beyden früher gewöhnlichen Zahlen 2 und 4, an den Füßen und Sinnesorganen die Zahlen 3 und 6. Die Geſtalten werden hier durchaus ſymboliſch und chimäriſch, und die

Men-

Menschenähnlichkeit verschwindet nun ganz, ohngefähr
so wie der Umriß der am fernsten stehenden Gegenstände bey einer weiten Aussicht zuletzt ganz undeut-
lich und unkenntlich wird. Auch in der Maschinerie
der Tracheen, verräth sich der Charakter einer spätern
Natur, bey deren Entstehen die jetzige Atmosphäre
ganz jene Hauptrolle gespielt zu haben scheint, welche
bey der früheren dem Wasser zugekommen. Was jedoch diese jüngere Thierwelt am meisten charakterisirt,
ist: daß die Wesen nicht mehr in der ursprünglichen
Grundgestalt ihres Geschlechts auftreten, sondern daß
sie den größten Theil ihres Daseyns in dem Zustande
einer unkenntlichen, entstellten Larve zubringen, und
daß sie einer neuen höheren Geburt — der Me-
tamorphose bedürfen, um wieder in den eigentlichen
Normal-Zustand ihres Geschlechts, in den elterlichen zurückzukehren.

In einer andern Hinsicht wird jene Metamor-
phose, schon nach der ältesten Völkeransicht, ein trö-
stendes Sinnbild des Todes, als Wiedergeburt zu einem ursprünglichen, vollkommenen Daseyn, als Erwachen nach einem höheren Vorbilde, und das Wort
Tod, in seiner schrecklichen, wie in seiner tröstlichen
Bedeutung, scheint erst mit den jüngeren Perioden in
die Sprache der Natur gekommen, in diese aufgenommen worden zu seyn, wie denn diese jüngeren und
jüngsten Formationen erst aus der Zerstörung und dem
Tode der älteren hervorgehen. Die ganze früheste Natur hat kein solches Bild für das Wort Tod; dieser
Begriff scheint ihr ursprünglich fremd zu seyn.

Wenn

Wenn schon in der früheren Periode der Raubthiere, die Thierwelt sich immer mehr von der ursprünglichen Einheit und Zweckmäßigkeit entfernt;
so sehen wir diese jüngste Thierwelt noch viel weiter aus jener anfänglichen Harmonie heraustreten,
finden sie in einem noch viel größeren Widerspruche
mit dem Urzweck der Natur. Dieses Thierreich macht
sich immer unnützer, schädlicher, ist, wenigstens in
seinem Larvenzustande, der früheren Natur größtentheils nur zur Plage, zum Schaden. Das zerstörende
Prinzip kämpfet hier mit andern, gleichsam geisterar-
tigen Waffen, mit jenen Giften, deren chemisch magische Wirksamkeit öfters aus der gewöhnlichen Wir-
kungsweise der sichtbaren Natur kaum zu erklären ist.
Zu gleicher Zeit vermindert sich die Lebensdauer (wenigstens während des vollkommneren Zustandes) körperliche Größe, und absolute Kraft immer mehr, und
der dem schwächeren Geschlecht als eine Art von Ersatz
geg bene Kunsttrieb, gehöret auch zum Charakter einer späteren Zeit.

In der Sprache des Traumes und in jener der
höheren prophetischen Region, wird öfters jene Redeweise gebraucht, nach welcher ein Theil das Ganze,
(z. B. der Seher sein ganzes Volk) darstellt, das Einzelne für das Ganze gesetzt wird. Diese Redeweise
finden wir denn auch ganz vorzüglich, und fast
ausschließend in der jüngsten Periode der Thierwelt,
in dem Insectenreiche wieder. Jenes Verhältniß,
wo ein ganzes Geschlecht von Thieren, wo eine ganze
minder vollkommene Menge, durch ein höheres, vollkommneres Einzelne repräsentirt wird, wo dieses Eine
für

für Alle das wichtigſte Geſchäft des Daſeyns und die Schmerzen des Gebährens übernimmt, finden wir nir= gends anders im Thierreich, als in der jüngſten Klaſſe, in jener der Inſecten. Der vollkommene Bienen= weiſel tritt als Repräſentant ſeines ganzen Geſchlechts, in ein gleichſam magiſches Verhältniß zu dieſem, wel= ches bekanntlich nicht ohne ihn zu beſtehen, zu leben vermag. In der That iſt dieſer Weiſel nichts anders, als die urſprüngliche und Normalgeſtalt des Bienen= geſchlechts, und die Arbeitsbienen ſind bekanntlich nach älteren und den neueſten Unterſuchungen nichts anders, als verkümmerte meiſt unfruchtbare Mutterbienen, unvoll= kommne Weiſel. Aus einem gewöhnlichen Ey, ver= mag ſtatt einer Arbeitsbiene ein Weiſel zu werden, wenn die ihres Weiſels, und ſelbſt der Weiſelzeu= genden Eyer beraubten Bienen, die Zelle des Eyes er= weitern und mit überflüſſigeren Nahrungsmitteln ver= ſorgen. — So finden wir denn auch hier, wie in der Geiſterwelt, jenes geheimnißvolle Verhältniß, wo bloß ein vollkommneres Einzelne den Normalzuſtand des ganzen Geſchlechts erreicht, und dieſe unvollkommnere Vielheit vertritt, indem es für dieſelbe jenes wichtigſte Geſchäft des thieriſchen Daſeyns übernimmt, zu wel= chem jene Vielen für ſich allein untüchtig erſcheinen.

Das Inſectenreich wird uns noch auf eine andere Weiſe, Sinnbild des Höheren und Geiſtigen. Wäh= rend auf der einen Seite ſich nirgends ſolche Bilder der Beſchränktheit, des gröberen Bedürfniſſes und des Grimmes finden, eines Grimmes gegen deſſen Aus= bruch ſelbſt die wechſelſeitige Liebe der Geſchlech= ter und der Mutter gegen die Jungen nicht ſchü=
ßen,

ßen, *) vermiſſen wir auch in eben dieſer Thierklaſſe nicht
die freundlichſten, lieblichſten Bilder einer ganz entgegen-
geſetzten Bedeutung. In jenen, aus dem Tod, und
dem Untergang der unvollkommenen Larve neu wiedergebornen bunten Weſen, welche in vollkommnerer
Freyheit den Boden verlaſſend, entbunden von dem
früheren, gröberen Bedürfniß, im Glanze eines neuen,
noch nie geſehenen Himmels, und auf einer, ihnen
neuen Erde *) wohnen, erblicken wir freundliche
Vorzeichen einer fernen, ſchönen Zukunft unſeres Geſchlechts. Der lange Kampf ſcheint nun für dieſe
Region, deren Weſen unter ſich ſelber in harmloſer
Stille, und in einem beſtändigen Frieden leben, ge-
endigt, das feindſelige Prinzip ſcheint erloſchen und
das große Buch der erſten Offenbarung Gottes ſchließt
noch mit einem tröſtenden Worte des Friedens.

In ihrem großen Buche, das eigentlich drey
Hauptabſchnitte hat, von denen jeder wieder in mehrere Unterabtheilungen zerfällt, zeigt ſich uns demnach
die Natur als eine Apocalypſe in Geſtalten und lebendigen Naturbildern. Sie iſt die älteſte uns bekannte Offenbarung Gottes an den Menſchen, daſſelbe
Wort, und durch daſſelbe Wort, aus welchem die
ſpäteren Offenbarungen ſind, von gleichem Inhalte mit
dieſen.

---

*) Bey mehreren Inſectenarten wird das ſchwächere Männ-
chen vom Weibchen, ein großer Theil der jungen Brut
von der Mutter ſelber verzehrt.

*) Viele Inſectenlarven ſind blind, oder leben an einem
Orte, der dem Lichte unzugänglich iſt.

diesen. Sie ist dieselbe Sprache, welche die höhere Region der Geisterwelt vom Anfange gesprochen, und noch spricht, und so sehr sich auch der Mensch von jener Sprache Gottes entwöhnt hat, ist ihm doch noch immer ein Strahl des anfänglichen Verständnisses übrig geblieben, und wir werden hernach sehen, auf welche gewaltige Weise der Geist jenes großen Naturbuches, dessen Buchstaben Leben sind, noch jetzt auf ihn wirkt, ihn ergreift, so selten er sich auch dieser Wirkung bewußt wird.

So haben wir im Vorhergehenden das Wichtigste nur andeuten wollen, und versparen eine weitere Ausführung an einen anderen Ort. Vielleicht, daß es dann gelingt, aus der innern Geschichte der Natur Aufschlüsse von sehr verschiedener Art zu erhalten, zum Theil über Räthsel, die uns das fernste Alterthum noch aufgegeben. Ehe wir diesen Abschnitt ganz verlassen, wollen wir hier nur noch Eines solchen Räthsels erwähnen.

Der ganzen Vorwelt scheint die Idee eines Fleisch gewordenen Gottes, welcher als Mensch geboren worden, und als solcher alle Schmerzen der menschlichen Beschränkung erfahren, durchaus nicht fremd. Jener Gott aus Gott geboren, welchen das egyptische System erkennt, ist als die letzte Göttergeburt und die äußerste Ausstrahlung des ewigen Wesens, gleich uns Fleisch geworden, und muß in menschlicher Hülle das Aeußerste erleiden, selbst den grausamsten Tod. *)

Eben

---

*) Creuzer, B. III. P. 145.

Eben so jener Shiwa Dionichi, welcher nach dem Re-
ligionssystem der Inder die zweyte Person der geof-
fenbarten Gottheit ist. Dieser muß als sinnlich offenbar gewordener Gott, das härteste loos der Sterblichkeit, und den Tod selber erdulden. *) Auch jener Sohn
des Gottes der Götter, Zagreus, welchem der ewige
Vater den Sitz unmittelbar neben seinem Throne und
selbst die Zeichen seiner höchsten Macht verliehen, wird
auf grausame Weise von den Titanen getödtet, **)
und jener persische Mithras, der als Weltenschöpfer,
als Hervorbringer der bunten Mannigfaltigkeit der
Dinge und Beschützer und Erhalter verehrt wird, muß
als Stier Abudad unter der Hand des Ahriman sterben. So hat das Alterthum jene Ansicht von der
Menschwerdung des Göttlichen und von dem loos der
Erniedrigung, welches dasselbe in diesem Zustande erduldet, auf verschiedene Weise, in den mannigfaltigsten
buntesten Sagen dargestellt und ausgebildet. Aber an
jene Ansicht schloß sich eine andre eben so bedeutungsvolle an. Jener Mensch gewordene Gott erscheinet
nicht allein als Richter der Todten, als Herrscher der
Unterwelt, sondern als Erretter vom Tode, Befreyer
aus den Banden der Sterblichkeit, Führer zurück
zu dem göttlichen Ursprunge. Jener Gott, der in den
Mysterien bald als Dionysos bald als Persephone versinnlicht wurde, war Schöpfer der Seelen und lenker
ihres Schicksals, als Hades größter Wohlthäter der

von

---

*) Derselbe, u. a. O.

**) Ebendaselbst, P. 351.

von dem Leibe entfesselten Geister, indem er ihnen
jenen Becher reicht, der sie wieder zur Besinnung
bringt, und die Sehnsucht nach der Rückkehr zum
Göttlichen in ihnen erweckt. Ja jene Ansicht erscheint
in den Mysterien noch viel bestimmter ausgedrückt. In
dieser wurde überhaupt das Schicksal der Geister nach
dem Tode dargestellt, und die Mysterien bereiteten
schon durch ihre Weihen und geheimen Lehren selber, der
Seele ein günstigeres Loos in jenem Leben, indem ihr
wesentlichster Inhalt die Leitungen der Seelen zur verlassenen Heimath — zum Göttlichen waren. Dionysos,
der Gott der Mysterien war es aber, der allein die Seelen zum Himmel zurückführte, und zur Vollendung.
Er war Aufseher und Anordner jener Heilsordnung, jener Vervollkommungsanstalt, zu welcher die Mysterien
den Weg bahnten. Er selber war als Bacchus zur
Unterwelt gefahren, und hatte die Seele der Mutter
von dort befreyt, und in dieser sinnvollen Sage vereinten sich die sonst verschieden scheinenden Ansichten des
orphischen und bacchischen Systemes. Als Aridela leitet
er unter dem Bilde eines freundlichen Gestirnes, die
Seelen durch das dunkle Labyrinth, an den Eingang
und zum Lichte zurück. Auch der gestorbene Gott des
egyptischen Systemes, steht, nachdem er eben das härteste
Loos der Sterblichkeit erduldet, als ewiger Wohlthäter
und Lehrer, herrlicher wieder auf. —

Fragen wir ferner, auf welche Weise nach der
Lehre der Mysterien jene Leitung zum Himmel, jene
Erlösung und Heiligung der Seelen geschehen, so erhalten wir aus verschiedenen Gebräuchen jener Geheimlehren abermal eine bedeutungsvolle, wenn auch dunkle

Ant-

Antwort. Die Mysterien heißt es, bereiteten der Seele ein besseres loos in jener Welt durch ihre Reinigungen vor, und der Weg zur Rückkehr nach der ewigen Heimath ging durch viele Läuterungen. Unter diesen ist das aber vorzüglich eine, die durch Blut merkwürdig.

Ueberhaupt erscheint der Gott der Mysterien in verschiedenen Beziehungen unter dem Bilde des Stieres versinnlicht, und stirbt, wie oben erwähnt, im persischen Mythus als Weltstier Abudad. In den sogenannten Taurobolien wurden aber z. B. Reinigungen von begangener Schuld dadurch bewirkt, daß das Blut eines geopferten Stieres auf den Leib des in einer Grube darunter stehenden Büßenden gesprengt wurde, und auf dieselbe Weise waren auch Widderopfer als psychische Reinigungsmittel gebräuchlich (die Kriobolien). Selbst Hercules wurde auf diese Weise vor der geheimen Weihe durch Stierblut entsündigt und auch keiner solchen Entsühnung Bedürftige wurden bey der Einweihung in die Mysterien, auf die Felle der geopferten Thiere gestellt. Ueberhaupt spielten die sühnenden Opfer in den Geheimlehren eine nicht unbedeutende Rolle. Merkwürdig erscheint hierbey besonders jene Anspielung, welche dabey in den Bacchusmysterien vorkam. Das Fleisch der geopferten Thiere mußte von den Priestern roh gegessen werden, was ausdrücklich eine Andeutung auf den blutigen Tod und die Zerstückelung des Dionysus (Zagreus) durch die Titanen seyn sollte. Auch bey der merkwürdigen jährlichen Aufopferung des Ackerstieres, wurde das Fleisch gleich vertheilt und Dionysus heißt auch in jener Be-

4   ziehung

ziehung öfters Speisevertheiler, gerechter, liebreicher Austheiler der Kost. Ja selbst die aus dem Leibe der Titanen entstandenen Menschen wurden deßhalb als Theile des Gottes betrachtet, weil die Titanen von dem Fleische des Gottes gegessen hatten.

Freylich wurden auch jene sinnvollen und alten Gebräuche schon von der frühesten Zeit an, durch eine seltsame Sprachenverwirrung, von der wir in einem der nächsten Abschnitte reden werden, auf die mannichfaltigste und gräulichste Weise entstellt. Aus Thieropfern wurden grausame Menschenopfer: die geistvollsten Bilder wurden zu Zerrbildern und Schreckgestalten, doch giebt es auch hier Mittel, die verzerrten Theile zu einem kenntlichen Ganzen zu vereinen und alle jene Züge werden dann Belege zu der Wahrheit: daß die älteste Zeit in prophetischem Geist Vieles erkannt, was erst spät zur Erfüllung gekommen. Wir könnten dieses, wenn hier gerade (in einem Traumbuche) der Ort dazu wäre, noch aus mannichfaltigen Beyspielen zeigen, was auch bereits von Andern geschehen ist. *) Selbst das gefallene, ausgeartete Geschlecht, scheint sich eine alte, heilige Offenbarung bewahrt zu haben. Aber woher, auf welchem Wege, kam jene alte Offenbarung? — Abermals durch das fleischgewordene Wort, durch jenes göttliche Wort, das sich selbst nach der Dionysus-Lehre, als bunte Mannichfaltigkeit

der

---

*) Man sehe hierüber Friedrich Schlegels Werk über die Lehre und Weisheit der Inder.

der Sinnenwelt, als Vielheit dargestellt hat — durch die Natur.

Wir finden Vieles, was uns auf eine solche Beantwortung jener Frage führen kann, aus Vielem sey jedoch hier abermals nur Einiges herausgehoben.

Nach dem Vorhergehenden erkannten wir unter andern im Insectenreich den jüngsten und. letztgeschaffenen Theil der uns umgebenden Natur. Dieses letzte Buch der Naturbibel enthält aber vorzüglich eine Weissagung auf die spätere bedeutungsvolle Zukunft. Unter andern fanden wir bey dem Geschlecht der Bienen Verhältnisse, die uns eine tiefere Bedeutung zu haben schienen. Jene Ansicht finden wir in gewisser Hinsicht dadurch bestätigt, daß auch das früheste Alterthum jene Bedeutung, und zwar auf dieselbe Weise erkannte.

Die Bienen waren nach der alten Sage, nach dem goldenen Zeitalter entstanden, *) mühsam bereiteten sie jene Süßigkeit, welche in der goldenen Zeit unmittelbar von den Blättern der Bäume geflossen,

und

*) Creuzer Mythologie, IV. Pag. 420. Schon nach Sprache und Mythus ist die Biene aus der Verwesung des Stieres (der früheren Natur) entstanden, und heißt Todtengräberin (als vespa, vespillo.) Sie ist in mehreren Mythen mit dem Regenbogen (dem Sinnbilde der Zeit nach der Catastrophe) zusammengestellt. M. s. Kanne's Pantheon 320—340 und anderwärts indische Myth. 265.

und gaben hierdurch den Menschen einen, wenn auch
nur kärglichen Ersatz für jenen verlorenen Genuß.
Schon deßhalb wurde die Biene das königliche, heilige Thier, voll göttlichen (prophetischen) Geistes genannt, war Sinnbild der Segensfülle, der Weisheit,
Unschuld und Gerechtigkeit. Sie wird uns aber noch
viel bedeutender in ihrer Beziehung auf die Mysterien. Ueberhaupt war Dionysus, so wie Jupiter, von
Bienen ernährt worden, war Bienengott und Bienen-
vater. Die Priesterinnen der Ceres, und wie es
scheint alle in ihre Mysterien Eingeweihte, hießen
Bienen (Melissen), der Bienenkönig oder Bienen-
weisel selber war das Bild eines Königes, der zugleich Gott - geweihter Priester ist, eines geistlichen
Königes. Unter jene Bienenkönige oder Esseme, deren das Alterthum viele verehrte, gehörte auch Mel-
chisedek, *) dessen höhere Bedeutung auch die spätere,
christlich apostolische Zeit anerkannte. Der Bienenkönig, **) so wie jene göttlichen mythischen Königs-
Gestalten, die von ihm den Namen hatten, war aber
als Speisemeister, als Vertheiler der Kost, jener
Gott der Geheimlehre selber, dessen Leib als Zagreus
zerstückt und von den Titanen genossen, dessen Fleisch
unter dem Bilde des Pflugstieres zur Sühne vertheilt
und gespeist wurde, und nach ihm heißen auch die
Eingeweihten, die schon nach dem oben erwähnten Inhalt der Geheimlehre Theile des Gottes sind

und

---

*) Creuzer u. a. O. B. IV. Pag. 406.

**) Ebendaselbst und an mehreren Orten jenes Werkes.

und Bienen des Bienenköniges: Speiseherren und
Speisefrauen, Vertheiler der Kost. Ja in der Sprache ist die Biene nichts anders als die Sprecherin,
„die das Evangelium des neuen Gesetzes verkündigt"
und das Wort selber. *) Außer diesem war
schon der Honig den Alten ein Bild des Todes, und
jener mythische Glaucos, der anderwärts der Fisch selber ist, der Menschen verschlingt, stirbt im Honig, und
wird wieder erweckt, (nach) dem alten Sprichwort:
Glaukos, da er Honig getrunken, ist wieder auferstan-
den,) wobey selbst die Schlange und der dreyfarbige
Stein, der die Farben mit dem Tageslicht wechselt,
nicht ohne Bedeutung scheinen. Honig ist von den
ältesten Zeiten, bis zu jenen des Christenthums, Sinnbild der Entsühnung und psychischen Reinigung. Auf
dieselbe Weise ist denn auch dem Mensch gewordenen
Gott Chrishna der Inder die Biene heilig, ist
sein Symbol.

Die Biene ist aber auch Bild der Zeugung, der
Schöpferkraft, aus welcher die Sinnenwelt, die sichtbare Natur hervorgeht. Dasselbe bedeutet auch dem
ganzen Alterthum der Stier, welchem als Weltstier
alle Samen der sichtbaren Schöpfung anvertraut werden. Jenes Fleisch gewordene Wort, dessen sinnlich-
ste Offenbarung die uns umgebende Natur, und die
ganze bunte, vielgestaltige Welt der Sinne ist, jener
Weltschöpfer und Hervorbringer der Vielheit, wird
deß-

---

*) Kanne s Pantheon, Pag. 340. Indische Myth. 268,
272. u. a. O.

deßhalb unter dem Bilde des Stieres dargestellt. Der Stier ist aber nach dem Vorhergehenden auch Repräsentant jener Weltperiode, die unmittelbar vor einer großen, Vieles verheerenden, Alles verändernden Catastrophe vorherging, und wo das erhaltende Prinzip dem zerstörenden gegenüber durch Stärke und kräftigere Reproductions - und Schöpferkraft, den Sieg davon trägt. Der Stier zeigt uns daher das erhaltende Prinzip, das Prinzip des Lichtes schon im Kampfe, gleichsam leidend, duldend, und aus dem Tode des Einzelnen nur immer mannichfaltiger und mächtiger hervorgehend. Auch der Esel wird Bild der Zeugung und der schaffenden Kraft. Merkwürdig ist es, daß beyde Thierbilder in der Sprache des Traumes noch jetzt dieselbe Bedeutung haben, wo z. B. der Esel unter andern (auf seltsame Weise mit dem Begriffe der Zeugung in Beziehung tretend) die Geliebte, die Ehegattin bedeutet *).

Von einem solchen tiefbedeutenden Sinne erscheinen uns alle in den Mysterien gebrauchte Naturbilder: der Schmetterling, das in der Erde verborgene keimende Korn, der Epheu, Wein, Mehl, Wasser, Feuer u. s. w. Alle jene symbolischen Gestalten stehen in einem tiefen Zusammenhange mit einander, und bilden eine Reihe, worinnen sich uns die ganze Geschichte der höheren prophetischen Region offenbaret. Wir sehen uns auch in jener Mysteriensprache in einem mit dem Traume verwandten Gebiet; ja wir glauben uns in einem

Trau-

---

*) M. s. z. B. das Frankfurter Traumbuch.

Traume, voll tiefen prophetischen Inhaltes selber befangen zu sehen. Und in der That, das Wort der Natur, oder vielmehr der zur Natur gewordene Gott, ist dem Alterthume zugleich Traum und Traumdeuter gewesen. Der Mensch, ein Theil und Gleichniß jenes Gottes, dessen Sprache, dessen sinnlich offenbartes Wort die Natur ist, hatte ursprünglich auch das Organ für diese Sprache in sich, (er war Herr der Natur, und zwar in anderem Sinne, als es gewöhnlich genommen wird) und noch jetzt läßt uns die eingesperrte Psyche, wenigstens im Traume, den angebornen Ton vernehmen. Uebereinstimmend mit dem in ihr gelegten, war daher dem anfänglichen Menschen das sinnlich offenbarte Wort der äußeren Natur durchaus verständlich, der Geist des Menschen redete ja dieselbe Sprache in welcher jene lebendige Offenbarung abgefaßt war, er war diese Sprache selber. Uns aber, seit jener großen Sprachenverwirrung (Abschn. 5.) ist die unserer Natur eigenthümliche Sprache ihrem tieferen Sinne nach unverständlich, wir bedurften der in Worten ertheilten, geschriebenen Offenbarung. Uebrigens ist auch diese von demselben Inhalt, als jene Naturoffenbarung — immer nur Er, gestern und heute, Derselbe auch in Ewigkeit.

4. Der versteckte Poet.

Unser versteckter Poet, dessen Aeußerungen mit den Ansichten und den Neigungen des gewöhnlichen sinnlichen Lebens in einem beständigen ironischen Widerspruch stehen, zeigt sich hierinnen einem anderen dunklen Gebiet der menschlichen Natur — dem Gewissen — nahe verwandt. Die oberflächliche Ansicht des jetzt untergegangenen und untergehenden Menschenalters, hat auch diese dunkle Anlage im Menschen, mit der sie sich auf jede Weise im Widerspruch fühlte, so viel sie nur vermochte, verkannt und hinweggeläugnet. Selbst nach einem übrigens ernsten System der Moral, wird dem Menschen erst durch Erziehung gelehrt, was recht sey oder unrecht, und ihm die Furcht vor der Gottheit eingeprägt. Jene anerzogene Furcht sey das was wir Gewissen nennen, und der Mensch werde demnach erst dazu abgerichtet, eins zu haben.

Allerdings läßt sich das Gewissen darinnen mit dem sinnlichen Gefühl des Wohlseyns oder des Uebelbefindens vergleichen, daß es, wie dieses, einer Verfeinerung oder Abstumpfung fähig ist. Denn so, wie erst der, welcher schon einen höheren Grad des moralischen Wohlseyns genossen, für jedes leise Uebelbefinden empfindlich wird, während der, welcher nie das Gefühl einer kräftigen Gesundheit empfunden, oder welcher sich allmählig ans Krankseyn gewöhnte, zuletzt seinen kränklichen Zustand für Gesundheit hält; so macht uns auch erst ein öfterer Genuß des moralischen Wohlseyns für jedes entgegengesetzte Gefühl empfindlich. Wir treten in das Leben, nicht als Gesunde, sondern als solche ein, welche hier genesen können

und

und sollen, und die Welt, mit allen ihren Heil und
Correctionsmitteln, ist eine Anstalt für Reconvalescen-
ten. In so fern gelangen wir erst als Widergenesene
zum Gefühl des vollendeten Wohlseyns, werden nicht
sogleich mit diesem Gefühl geboren, und ganze, in
dem Irrthume langer Jahrhunderte befangene Völker,
scheinen in einzelnen Punkten über das, was recht oder
unrecht sey? ungewiß, und für den Zustand einer moralischen Lähmung, worinnen sie sich befinden, unempfindlich geworden zu seyn. Indessen ist die Bestäti-
gung welche jenes oberflächliche Räsonnement über das
Gewissen hieraus zu empfangen scheint, bloß scheinbar,
und die Rückerinnerung an einen ehehin gesunden Zustand ihrer geistigen Natur, bringen alle Menschen,
mehr oder minder deutlich mit sich ins Leben.

Abgesehen von jenem Bilde, so ist das Gewissen
nichts anders als das Organ jener ehehin dem menschlichen Geiste durchaus eigenthümlichen Sprache — der
Sprache Gottes. Es ist dieses Organ ein Theil der
göttlichen Natur selber, jener Funke des höheren Lebens welcher den Menschen erst zum Ebenbild des
Göttlichen machet, und seine Gemeinschaft mit diesem
vermittelt Jenes Organ gehört zu dem eigenthümlich-
sten Charakter der menschlichen Natur — das Gewissen ist uns angeboren. Es ist dieselbe Anlage, die
sich uns als der versteckte Poet der Träume, und in
der Begeisterung der poetischen, so wie der höheren
prophetischen Region kund giebt.

Wenn das Gewissen ursprünglich ein Organ der
Stimme Gottes im Menschen gewesen, und diese
Stimme selber; so ist es freylich seit der großen
Sprachenverwirrung zum Theil weit von seiner ur-
sprüng-

sprünglichen Bestimmung abgewichen, und jenes geistigen Organes bedient sich öfters eine der göttlichen sehr
entgegengesetzte Stimme, mißbraucht dasselbe aufs entsetzlichste. Wir vernehmen deßhalb, nicht bloß im Traume, über dessen ungöttliche Natur schon alte Selbstbekenntnisse klagen, *) sondern auch in der pythischen
Begeisterung und im Fanatismus, sowohl des Unglau-
bens, als des Aberglaubens, durch jenes Organ eine
Geistersprache, die sich zwar zum Theil derselben Worte bedient, als die ursprüngliche, aber diese in einem
ganz anderen ungeheuer verschiedenen Sinne gebraucht,
sie zu einem ganz entgegengesetzten Zwecke mißbraucht.
Indessen bleibt das Gewissen überall jene (im jetzigen
Daseyn dunkle) Region des Gefühles, auf welche,
und in welcher alle Einflüsse einer höheren oder niederen, guten oder schlimmen Geisterwelt wirken, durch
welche sich alle Kräfte eines ehemaligen und künftigen Lebens äußern.

In dieser Zweyseitigkeit und Doppelsinnigkeit
verräth sich jene geistige Anlage überall, und es ist
kein Zeitalter, keine Nation, woraus sich nicht, mitten unter den ungeheuersten Mistönen, wozu bey ihnen jenes Organ entwürdigt worden, auch noch einzelne Töne der entgegengesetzten höheren Stimme vernehmen ließen.

Zu dem Altvater Antonius kam einst, ermüdet
und verwundet von mannichfaltiger Mißhandlung der
Menschen, ein Mann, den das Alterthum unter dem
Namen Paulus der Einfältige kennet. Der Ruhe
und der Belehrung bedürftig, bat er den Vater, er
möch-

---

*) Z. B. jene des Augustinus.

möge ihn bey sich als Schüler aufnehmen. Antonius erkannte bald in dem beschränkten Geist des Mannes, eine vorzügliche Anlage zum demüthigen blinden Gehorsam, und stellte gleich Anfangs diesen Gehorsam auf eine harte Probe. Der neue Jünger mußte bald Wasser tragen in durchlöcherten Gefäßen, Körbe flechten und wieder aufflechten, Kleider auftrennen und wieder nähen, Steine zwecklos von einem Orte zum andern tragen, und in stillem, rücksichtslosen Gehorsam that er blind nach dem Worte des Vaters. So führte durch die scheinbar einseitige Uebung einer einzelnen Anlage, Antonius selbst diese beschränkte Natur zum höchsten Gipfel der dem menschlichen Gemüth möglichen Vollendung, und jener einfältige Sinn, nachdem er vollkommen gelernt, seinen eigenen Willen einem höheren aufopfern und sich diesem ganz hinzugeben, wurde Organ des göttlichen Sinnes, ergriffen von einem nun nicht mehr beschränkten, von den gewöhnlichen Gränzen der menschlichen Natur entbundenen Vermögen; aus Paulus dem Einfältigen wurde Paulus der Wunderwirkende.

Auf gleiche Weise scheint auch der höhere Lehrer unsers Geschlechts ganze Völker und Zeitalter in einem öfters sehr beschränkten Kreise von Tugenden zu üben, und sich den Zugang zu der übrigens auf mannigfaltige Art entweihten und verunreinigten Region ihrer Neigungen und Handlungen, wenigstens von einer Seite offen zu erhalten. Hierdurch geschieht es, daß keinem die Stimme Gottes, — jenes höhere Gesetz im Menschen, — ganz unvernehmlich wird, und es scheint hier eine andere Art von Zurechnung

nung statt zu finden, als jene unserer moralischen Systeme.

Jenes geistige Organ im Menschen, in seiner Doppelseitigkeit, ist der gute und böse Dämon, welcher den Menschen durchs Leben begleitet, und, je nachdem er der einen oder anderen Stimme mehr Gehör gegeben, ihn zu einem glücklichen oder unglücklichen Ziele führet. Der bessere (socratische) Dämon erregt in der Seele die Sehnsucht des Besseren und bestraft sie anfangs leiser, je mehr sie ihm aber Gehör giebt, desto vernehmlicher über jede Handlung, jedes Wort, jeden Gedanken, welcher sie von dem besseren Ziele hinwegführet. Dieser Dämon ist prophetisch, und Jeder der mit den Führungen des inneren Lebens bekannt ist, wird erfahren haben, wie oft uns derselbe schon vor jenen Veranlassungen und Gelegenheiten warnt, und mit höherer Gewalt bewahrt, hinter denen, uns noch ganz unbekannt, das Böse auf uns lauert. Noch sind wir uns keiner, selbst nicht der leisesten bösen Absicht bewußt, und doch fühlen wir, wenn wir uns der unbekannten Gefahr nähern, eine Unruhe, eine Angst, wie nach einer vollbrachten bösen Handlung. Auch vor andern, leiblichen Gefahren warnt uns der socratische Dämon. Jener fromme Geistliche gehet aus, um den nahe bey seiner Wohnung gelegenen Felsenberg mit seiner schönen Aussicht zu besuchen. Unterwegens spricht die innere Stimme zu ihm: was thust du hier? führt dich höherer Beruf, oder eitle Neugier hieher, ist es auch recht, daß du hier gehst? Er hält ein, stellt sich neben den Weg unter eine Bergwand, und überlegt, und noch indem

er

er nachsinnt, kömmt ein Felsenstück in den engen, von
ihm eben verlassenen Fußsteig herabgestürzt, das ihm
ohnfehlbar, ohne jene Warnung zerschmettert hätte *).

Auf dieselbe prophetische Weise führt uns der
gute Dämon mit einer Art von höherer Gewalt, in
Verhältnisse, worin wir etwas Gutes zu thun vermögen, und er bedient sich hier eben jener Unruhe,
jener Angst, die uns als Bewegungen des Gewissens
bekannt sind. Schon ausgekleidet, und in später
Nacht, wird der ehrwürdige Johann Dod, durch eine unwiderstehliche Unruhe getrieben, einen etwa eine
Meile entfernt wohnenden Freund zu besuchen. Alles
Räsonniren, alle Gegeneinwendungen gegen die Stimme der innern Unruhe helfen nichts; er muß sich auf
den Weg machen. Verzweifelnd, in dem Kampfe
einer tiefen Gewissensangst, findet er seinen Freund
dem Selbstmord nahe, und erhält Gelegenheit, ihn
auf immer von jener Angst zu retten. **) Jener
Beamte, der in stürmischer regnigter Nacht, schlaflos
auf seinem Lager ruhet, bemüht sich auch vergebens,
die innere Angst, die ihn hinaus in den Garten, und
von da aufs Feld treiben will, so vernünftig als möglich hinweg zu räsonniren. Er muß endlich hinaus,
und erhält Gelegenheit, einem vergebens um Beystand
rufenden Knaben seinen Vater vom Tode retten zu
helfen. ***) Eben so wird Jener, den recht zur un-

gele=

*) Stillings Taschenkalender auf 1808.
**) Geschichte der Wiedergebornen.
***) Stillings Taschenkalender auf 1809.

gelegenen Zeit eine innere Unruhe zu einem Spazier-
ritt ins Freye treibt, auf diesem Wege Retter meh-
rerer Personen. *)

In ähnlicher Manier, nur mit ganz entgegengesetzter
Absicht und zu entgegengesetztem Zwecke, wirkt auch der böse
Dämon. Er erregt in der Seele die Neigung zum Bösen,
weckt die Lust durch Vorspiegelung vergangenen oder zukünf-
tigen Genusses, und treibt uns, anfangs leiser, je mehr
wir ihm aber Gehör geben, desto gewaltiger von Gedanken und Worten bis zur schlimmen That, widerspricht der besseren Stimme in uns. Der schlimme
Dämon ist auch prophetisch, auf eine eben so ausge-
zeichnete Weise, als der gute. In der Lebensgeschichte großer und kleiner Verbrecher, finden sich mannich-
faltige Spuren von diesem, jede Gelegenheit zum Besseren, oder zum Erwachen der guten Stimme, ver-
meidenden und verabscheuenden Geiste. Nicht minder
verkündigt der böse Engel dem Verzweifelnden den
nahen Tod, oder selbst andere mehr zufällig scheinende Dinge. Jene Besessene zu Loudun, welche die
aufgeklärteren Aerzte und Philosophen ihrer Zeit durch
ihre prophetische Gabe in nicht geringe Verlegenheit
brachte, und von der J. Bodin erzählet, verrieth
einem Mörder und Lästerer, der sie befragte, die in-
nersten Geheimnisse und Gedanken seines Herzens **)
und

---

*) S. Hillmers christliche Zeitschrift.

**) Leben des Querioles in G. Terstegens Leben
heiliger Seelen, Vorrede zum zweyten Bande.

und brachte auch Andere auf ähnliche Weise zum Ent-
setzen. Wie der bessere Engel mit unwiderstehlicher
prophetischer Gewalt in Gelegenheiten zum Gutes-
thun führt, so der schlimme in entgegengesetzte Verhältnisse. Unglückliche Mörder, und solche, welche
dem Selbstmord nahe gewesen, erzählen öfters, wie
sie mit unwiderstehlicher Gewalt zu den Werkzeugen
und alles begünstigenden Umständen ihrer That hingeführt worden.

Wir finden jene dunkle Anlage im Menschen
überall in ihrer Zweyseitigkeit und in ihrem guten und
schlimmen Charakter wieder. Mit Unrecht pflegen
wir unter dem Worte Gewissen immer nur die guten
Regungen jener Anlage zu verstehen. Die Bangig-
keiten des Gewissens zeigen sich zuweilen eben sowohl
von böser als von guter Natur. Um nur ein Beyspiel zu geben: so wird Bunian Jahre lang von tiefer Gewissensangst um ein unwillführlich, bloß in
Gedanken, nicht einmal mit den Lippen ausgesprochenes Wort gemartert. Für ihn allein scheint kein Er-
barmen, keine Hülfe möglich. Er, der unwiderruflich
Verlorene, mag sich nur immer allen Belustigungen
der Sinne, oder der äußersten Verzweiflung hingeben.
Alle Mittel eines höheren Trostes, alle äußere Gebräuche der Andacht, scheinen ihm nur wie Spott,
wie Lästerung, die seine Schuld noch vermehren. Def-
ters führt ihn die Verzweiflung nahe zum Selbstmord
und zu andern schlimmen Ausbrüchen. — Auch in andern Fällen nimmt dann jener böse Dämon die Gestalt des besseren Gewissens, als Bestrafer und innerer
Rächer des Bösen an, verstellt sich in die Form des
guten

guten Engels, und macht nun die verzweifelnde Seele
desto sicherer gegen die Stimme alles besseren Trostes,
aller Liebe und des höheren Friedens taub. Mit be-
wundernswürdiger Dialectik *) weiß derselbe alle Ge-
gengründe und Vorstellungen der, besseren Stimme zu
widerlegen, und diese Dialectik erscheint überhaupt
noch anderwärts als eine Erfindung des bösen Dä-
mons, deren der gute nicht bedarf. Hieher gehören
alle Ausbrüche des sogenannten religiösen Wahnsinnes
und des Fanatismus, und die scheinbar religiöse Maske ist eine der gewöhnlichsten Erscheinungsformen jenes
schlimmen Geistes, wodurch er nur zu häufig auch die
Aeußerungen des guten lächerlich und ver-ächtig
machet. **)

Jene Bilder- und Gestaltensprache, deren sich
das geistige Organ der ursprünglichen Sprache, im
Traume, und in der poetischen und prophetischen Begeisterung bedienet, finden wir auch in seinen ersten
und unmittelbarsten Aeußerungen als Gewissen wieder, und auch die Welt der Furien spricht mit dem
Menschen auf furchtbar laute Weise, jene Geistersprache.

---

*) Diese zeigt unter andern die Gemahlin des Rupert
Harris, in der Lebensgeschichte des letzteren. Gesch.
d. Wiedergebornen.

**) Allerdings ist, besonders bey Gelegenheit der soge-
nannt religiösen Melancholie, etwas Körperliches nicht
zu verkennen, nur bleibe man bey diesem Körperlichen
nicht allein stehen.

ſprache. Auch dieſer Sprache gehet der ſchon früher erwähnte Character einer allgemeinen Verſtändlichteit nicht ab. Das Bild des Ermordeten, welches einem gewiſſen Mahler, der der Mörder war, überall nach⸗ folgte, überall begegnete, träumend und wachend mit furchtbarem, ſtillem Ernſt ins Geſicht ſchaute, hatte, als es von jenem gemahlt war, für Jeden den es ſa⸗ he, ohne nur das Mindeſte von der Veranlaſſung zu wiſſen, etwas Unheimliches, Furcht⸗ und Grauſen⸗ Erregendes. Und doch war es dem Anſehen nach nur das Porträt eines ſchönen, wohlgekleideten, etwas ernſt blickenden Mannes von mittleren Jahren. *) Bekannt iſt auch in jener Hinſicht die Wirkung der Töne und Worte, welche religiöſe Melancholie aus⸗ preßte, auf Andre.

Das Bild einer einzelnen Handlung oder eines einzelnen Nebenumſtandes derſelben iſt es, welches Verbrecher öfters als marternde Furie lange Jahre be⸗ gleitet. Viele haben erzählt, wie das Wimmern des Ermordeten, das Bild einer gewiſſen Gegend, worin die Handlung geſchahe, das Blut, das ſie immer noch an ihren Händen oder an dem Orte, wo es vergoſſen worden, zu ſehen glaubten, ſie wachend und träumend nie verlaſſen habe, und ihnen bis an die Todesſtunde oder die Stunde des beſſeren Beſinnens gefolgt ſey. Eben ſo begleiteten auch zuweilen die Bilder und Em⸗ pfindungen der beſſeren Stunden und Handlungen die Seele, wie ein guter Engel durchs ganze Leben, und

wur⸗

---

*) Stillings kleine geſammelte Schriften 1ter Band.

wurden ihr Führer zurück zu dem höheren Ursprung. Bey einem in alle Laster Versunkenen, *) allen wilden Leidenschaften zum Spiele Hingegebenen, blieb, aus früher Kindheit her, die Erinnerung an eine einzige bessere Bewegung, an eine einzige bessere Thräne, welche die Ermahnung eines guten Vaters in ihm geweckt hatte. Diese Erinnerung wollte niemals vor aller Dialektik des Lasters entweichen, und sie ward dem Verirrten ein Führer zur verlassenen Wahrheit zurück. Bey einem andern war es die Wirkung einer religiösen Handlung, welche ihn unter allen tiefen Verirrungen nie verließ, und ihn zuletzt zur ruhigen Erkenntniß führte. **) Wir werden hernach mehrere Fälle solcher Art kennen lernen.

Nicht selten stellen sich, in der Bilder- und Gestaltensprache des Geistes, jene verschiedenartigen Stimmen, der Seele als besondre, selbstständige Wesen dar, und der gute oder schlimme Dämon wird dieser wirklich sichtbar. Wir wollen hier nicht an die aus alter und neuer Zeit bekannten, daher gehörigen Fälle, nicht an die seltsamen Erscheinungen des sich selber Sehens erinnern. Jenem holländischen Prediger, ***) der aus unzulänglicher Bedenklichkeit, sein etwas beschwerliches, aber folgenreiches Amt aufgeben will, werden die Einwürfe und Zurechtweisungen seines Gewissens von der Gestalt eines fremden, unge-

---

*) Wagnitz Moral in Beyspielen, 1ter Theil.

**) Ebendaselbst.

***) Evert Luyksen.

gewöhnlich aussehenden Mannes vorgestellt. Auf ähn-
liche Weise wird dem Grynäus *) der gute warnende
Dämon sichtbar, und ein großer Theil jener, mit den
Neigungen und Ansichten des gewöhnlichen Lebens im
seltsamen Contrast stehenden Traumbilder, scheint eine
Wirkung dieses besseren Schutzgeistes zu seyn.

Wenn nämlich irgendwo der schon früher erwähnte, mit der gewöhnlichen Welt contrastirende in ironi-
schem Gegensatze stehende Charakter merklich ist: so ist
es an den unmittelbarsten Aeußerungen jenes Organs,
jener Quelle alles Contrastes selber. Die Propheten,
welche an Gesinnungen und Thaten immer in dem gewaltigsten Gegensatze mit ihrem Zeitalter und ihrem
Volke stunden, repräsentirten eigentlich das Gewissen
der Völker. In diesem Charakter eines Gewissens ihres Volkes und ihrer Zeit, erscheinen uns selbst noch
prophetische Männer der neueren Zeit. Der große Re-
formator der Schottländer, welcher selbst die unerwar-
tetsten, auf keine Weise zu vermuthenden Begebenheiten mit klarer Bestimmtheit voraussagte, pflegte auch
öfters dem blindesten, dreustesten Laster, wie eine Stimme im Gewissen den nahen Untergang zu verkündigen,
die geheimste und verstecktste Bosheit zu bestrafen,
und ihre verborgensten Pläne ans Licht zu ziehen.
Ganz in neuester Zeit, gab der seltsame Manizius ein
ähnliches Beyspiel. (Basler Sammlungen.) Männer
dieser Art, sind niemals nach dem Sinne der Welt gewesen,

---

*) Camerarius im Leben des Melanchthons.

wefen, und hatten auch ihrerfeits an dem Treiben und den Neigungen des gewöhnlichen Lebens wenig Intereffe.

Jenem natürlichen Contraft gemäß, ift die Ideenaffociation des Gewiffens eine ganz andre, als die des wachen Denkens, und fie ift diefer ganz entgegengefezt. Die Stimme des Gewiffens läßt fich durch keine noch fo folgerechten und vernünftigen Räfonnements hinwegftreiten oder erfticken, und noch fo oft widerlegt und übertäubt, läßt fie fich immer von neuem und immer dringender, felbft bey denen vernehmen, welche das Gewiffen felber für den Nachhall alter, durch die Erziehung eingepflanzter Vorurtheile halten. In jener Hinficht, wegen der Unabhängigkeit von allem Vernünfteln und Verftändeln, ift auch die Wirkung der Wahrheit auf das Gemüth derer welche fie vernehmen, mit der Wirkung eines Miasma verglichen worden, das unwiderftehlich und aller Gegenvorkehrungen fpottend, alle ergreift, die fich feinem Wirkungskreife nähern. Keine vernünftigen Vorftellungen äuß rer Rückfichten, Bande der Gefellfchaft und finnliche Neigung, kein gewaltfamer Widerftand, noch Drohung, noch Gefahr find vermögend, ein Gemüth, welches von jener anfteckenden Kraft der Wahrheit ergriffen worden, in feinem gewöhnlichen Kreife zurück zu halten *).

Wir nannten das Gewiffen die Mutter aller früher erwähnten Widerfprüche unferer Natur. Es ift

jener

---

*) M. f. z. B. das Leben des Franziscus von Affis.

jener Stachel, welcher uns mitten in den Vergnügungen der Sinnenwelt kein Genüge, in allen Befriedi-
gungen sinnlicher Neigungen keinen Frieden finden läßet, welcher aber auch auf der anderen Seite unsere
höhere Ruhe beständig unterbricht und unsere besseren
Kräfte, schon dem Hafen nahe, immer zu neuen
Kämpfen auffodert. Von den beyden Janusgesichtern
unserer doppelsinnigen Natur, pflegt, jenem contrasti-
renden Freundespaar der alten Zeit gleich), das eine
dann zu lachen, wenn das andre weint, das eine zu
schlummern, und nur noch im Traume zu reden, wenn
das andere am hellsten wacht und das laute Wort
führt. Wenn der äußere Mensch sich am ungebun-
densten und fröhlichsten, in eine Fülle von Genüssen
versenkt, stört jenen Rausch eine Stimme der inneren
Unlust und tiefen Trauer. Wer hat es nicht, wenigstens in den Jahren einer besseren, stilleren Kindheit
erfahren, wie auf ungebundene fröhlich durchschwärmte
Stunden ein noch unbekanntes Gefühl von Leere, eine unwiderstehliche Schwermuth, Thränen ohne Ursache folgten, ja wie uns diese Schwermuth öfters
mitten in der lautesten Freude überraschte? Auf der
anderen Seite läßt uns der innere Mensch, wenn der
äußere weint und trauert, Töne einer Freude vernehmen, die uns, wenn wir ihnen nur Gehör geben, unsere Schmerzen bald vergessen machen, und dieser
Phönix frohlockt noch in der Flamme. Je frischer und
kräftiger der äußere Mensch vegetirt, desto ohnmächti-
ger wird der innere, der sich dann in die Bilderwelt
der dunklen Gefühle und des Traumes zurückzieht, je
kräftiger dagegen der innere Mensch auflebt, desto mehr
muß der äußere absterben. Eine nur gar zu alte Er-
fahr-

fahrung! Was jener am liebſten will, iſt dieſem nichts
nütze, was dieſer verlangt, iſt jenem ein Gift. Beyde Naturen dieſes ſeltſamen Zweygeſpannes fodern laut
ihr Recht, das keine der andern aufopfern will; die
eine zieht dahin, die andere dorthin, und in der unſe-
lig ſeligen Mitte ſchwebt der Menſch, geriſſen nach
zwey Seiten, öfters von dem widerſpänſtigen Geſpann
zerriſſen; unvermeidlich, immer die eine begünſtigt mit
der andern im tödlichen Kriege. Wann wird dieſer
alte Widerſpruch aufhören? Wird an jener zweyleibi-
gen Mißgeburt, davon ein Leib dem andern zur Laſt iſt,
der eine im Tode wirklich ſterben, oder ſchleppen wir
den närriſchen Doppelma en mit uns hinüber, und
werden wir jenes vom heiligen Altar unſerer beſten
Entſchlüſſe, *) oder am Sarge unſerer liebſten frech
auflachenden, in unſere ſchönſten Freuden laut hinein-
grinſenden Ungeheuers auch dort nicht los? Wer hat
ſich denn den ſeltſamen Scherz gemacht, mit unſerer
armen Natur das Spiel einer Schlafrockspredigt zu
ſpielen, wo zu der Rede des Predigers der keine Arme
hat, eine andere mit in ſein Gewand verſteckte Perſon
die Gebärden macht, traurige, wenn jener fröhliche,
fröhliche, wenn er traurige Worte ſpricht, unruhige und
eifrige Bewegungen, wenn jener am ruhigſten, ruhige,
wenn er am eifrigſten redet?

5.

---

*) Mehr oder minder wird Jeder in ſeinem Leben die Er-
ſahrung des Jean Pauliſchen Feldpredigers Schmelzle
(am Altare,) oder die des Stifters der engliſchen Me-
thodiſten, deſſen Lachſucht beym Gottesdienſt eine Zeit-
lang anſteckend wurde, an ſich ſelbſt gemacht haben.

5. Von einer babylonischen Sprachen-verwirrung.

Wir verfolgen den seltsamen Contrast unserer Natur noch weiter. *) Von jeher hat die ernstere Moral nicht den höchsten Werth in jene innerlichen Empfindungen und Genüsse gelegt, von denen sich der Mensch in den glückseligsten Stunden seines inneren Lebens ergriffen fühlt. Und dennach erscheinen diese Freuden, welche die Seele aus dem Umgange und der Gemeinschaft mit ihrem höheren Ursprunge empfängt, als die reinsten und geistigsten, deren sie in dem jetzigen Daseyn empfänglich ist. Jene ernstere Moral redet vielmehr von einer tiefen, geistigen Verlassung und Enthehrung selbst unserer geistigsten Genüsse, als von einem Zustande, welcher zur Entwickelung des inneren Lebens nothwendig, seinem Gedeihen öfters viel förderlicher sey, als der des Genüsses, obgleich dieser Schmerz, welcher selbst des Trostes der Thränen und einer sinnlichen Fühlbarkeit entbehrt, der höchste ist, den die Seele in ihrem jetzigen Zustande ertragen kann.

Und in der That, selbst jene geistigsten und reinsten Empfindungen, gränzen nahe an eine andere Region des Gefühles, die den Geist leicht in die größten Widersprüche und Gefahren stürzt. Diesen größten Gefahren unter allen ist der unbewachte Menschengeist

zu

---

*) Ueber jenen Contrast vergleiche man weiter: Franz Baaders Begründung der Ethik durch die Physik. —

zu allen Zeiten unterlegen, und wenn nach dem Vorhergehenden in den Geheimlehren und Geheimgottes-
dienst des Alterthums auf der einen Seite allenthalben den Geist eines höheren, nüchternen Erkenntnisses
und der innigeren Gemeinschaft mit dem Göttlichen
unverkennbar ist; so finden wir auf der andern Seite
jene reine Feyer auch eben so sehr durch orgiastische
Greuel einer rasenden thierischen Wollust besteckt. Wir
haben früher den eigentlichen und ursprünglichen Sinn
der Bacchischen Mysterien gesehen, deren spätere Miß-
bräuche und entsetzliche Ausschweifungen sich noch jetzt
im Sprichwort erhalten haben. Gehen wir alle die
verschiedenen Religionsformen der Völker durch, so
finden wir zu unserm Erstaunen, daß sich das Getöse
wilder sinnlicher Lust, blutige Grausamkeit und Fanatismus immer gerade zu jenen Lehren gesellt haben,
welche ursprünglich die meisten, mächtigsten Strahlen
einer höheren Wahrheit und Gotteserkenntniß in sich
enthielten. Die Geheimlehren der ganzen alten Welt
sind sich in Hinsicht ihres Inhaltes verwandt, (z. B.
die Bacchusmysterien mit den so verschiedenartig scheinenden Lehren des Apollo,) und dieser Inhalt ist noch
immer in jenen Ueberresten zu erkennen, die sich im
Götzendienst der jetzigen, besonders der asiatischen Völker erhalten haben. Mit Recht behauptete das Alterthum von einigen jener minder verunreinigten Mysterien, daß sie, wie die Götter über die Heroen,
über alle andere von Menschen angeordnete Religions-
anstalten erhaben wären. Und die heiligen symbolischen Gestalten jener Geheimlehren, zu welchen unge-
heuren Zerrbildern sind sie entstellt worden! von jenem des Kinder-mordenden Molochs an bis zu dem

blu-

blutigen Huichtlopochtli der neuen Welt. Jene klare,
erhellende, allbefruchtende Sonne, als Symbol eines
höheren Lichtes der geistigen Region, ist zum allver-
sengenden, tödtenden Feuer geworden; aus den Sym-
bolen der allerschaffenden Gottheit, deren sinnlich offenbartes Wort die sichtbare Natur ist, wurden Werk-
zeuge thierischer Wollust, der Weinkelch, der in den
ältesten wie in den neueren Mysterien eine hohe Bedeutung hatte, ist zum Taumelkelch sinnloser Dumpfheit und verkehrter Mißverständnisse geworden. Besonders sind es zwey nahe verwandte Laster: Wollust
und Blutgier, welche sich durch eine verkehrte Ideenassociation des Wahnsinnes, fast immer an die Grund-
idee der Geheimlehren angereiht haben, und wie jene
nächtliche Feyer sich fast allenthalben mit Schändlich-
keiten der ersteren Art befleckte, so finden wir auch,
daß sich die ersten fanatischen Kriege, Verfolgungs-
wuth und Grausamkeiten aller Art an der Ausbrei-
tung der Geheimlehren entzündet haben. Gerade dieser heiligste Altar wurde zum Schlachtheerd der Menschenopfer. — Ueberall das Beste bey dem Schlimmsten, wie unter andern die Geschichte jener Nation
zeigt, welche ein höherer Rathschluß aus allen Völkern des Alterthums erwählt hatte.

Schon jene Vorstellung, welche die Alten mit
dem Begriff einer Baccha, einer Mänas verbanden,
wird hier sehr bedeutend. Einmal war ihnen diese
ein Bild tiefer religiöser Beschauung, versunken in
ein schmerzlich süßes Gefühl des innern geistigen Genusses, still und in sich gekehrt; auf der andern Seite
ein Bild rasender Geistestrunkenheit und des aus-

schwei-

schweifenden, bewußtlosen Sinnentaumels. *) Und
noch immer liegen sich beyde Extreme fürchterlich nahe.
Ein aufmerksameres Studium der Selbstbekenntnisse
und Lebensbeschreibungen jener innigeren Menschen,
welche ein ganzes Leben hindurch den Kampf um religiöse Vollendung gekämpft haben, belehrt uns: daß
gerade die Seelen mit den glühendsten Versuchungen
und inneren Anregungen zur sinnlichen Lust zu streiten
hatten, welche am öftesten und mächtigsten den seligen
Genuß geistiger Freuden und den Himmel eines göttlichen Entzückens empfunden. Und doch sind diese mil-
den, wärmenden Strahlen einer höheren Sonne, dem
Erwachen des geistigen Lebens so nöthig — sind seine
erste Nahrung. Schon aus einem andern Kreise ist
es bekannt, daß fast alle größere Komiker, neben ihrem Talent zum Komischen, einen tiefen Hang zum
Ernst, zur Schwermuth hatten, wie unter andern
Ariosts Lebensgeschichte bezeugt, und umgekehrt zeigt
sich auch bey dem tieferen Talent zum Tragischen, zugleich jenes zum Komischen. — Mit der obenerwähn-
ten Erfahrung verwandt ist auch jene, nach welcher
öfters gerade die Kinder der innigsten und besten Eltern den ausgezeichnetesten Hang zu wilden Ausbrüchen
verrathen. — Fanatische Grausamkeit und andere Ausschweifungen jener Art, haben sich auch noch in neuerer Zeit am leichtesten an jenen Cultus geknüpft, da
die sich selber entfremdete Seele durch mächtige Gefühle
aller Art zu erwecken, und an die Rückkehr in ihre
Heimath zu erinnern pflegt.

Die

---

*) Creuzer, a. a. O. B. III. P. 201.

Die Wurzel jenes alten Mißverſtändniſſes liegt
tief. Schon dem Alterthum war jener fleiſchgewordeꞏ
ne Gott, der ein Führer der Seelen aus der Sinnꞏ
lichkeit zurück zu ihrem reinen, göttlichen Urſprung,
ein Beyſpiel aller Verläugnung ſinnlicher Selbſtſucht
und wohlthätiger Aufopferung für Alle war, zugleich
Hervorbringer und Herrſcher der ſinnlichen Luſtregion.
Er war ein Vertheiler der Speiſe, und wie die ganze
Natur ſichtbare Offenbarung jenes göttlichen Wortes
— Leib deſſelben war, ſo theilte ſich dieſer Leib dem
Menſchen in jeder Speiſe, jedem Trank, jedem Sinꞏ
nesgenuſſe mit. Er war deßhalb der Milde, der Güꞏ
tige, der freygebige Austheiler ſinnlicher Freuden, in
deſſen genußvollem Reiche die körperliche Natur es ſich
wohl ſeyn ließ — der freundliche Spender ſüßer Wonꞏ
ne. *) Freylich hatte derſelbe Sinnesgott ſein Fleiſch
auch in einem andern Sinne vertheilt, war urſprüngꞏ
lich der Geber anderer Freuden, anderer Genüſſe.

Die Seelen, herabgeſunken aus der reinen, heiꞏ
teren Region des Urſprungs, in das luſtige Sinnenꞏ
reich des Dionyſos, vergaßen gar bald in dieſer warꞏ
men behaglichen Welt körperlichen Genuſſes, die Rückꞏ
kehr in die Heymath und die Heimath ſelber. Aber
eben der Gott, durch deſſen Spiegel die Sehnſucht
nach der niederen, gröberen Region in ihnen entzünꞏ
det war, und der ſie in ſeiner Sinnenwelt die Heimath
vergeſſen machte, war ja auch der Führer in dieſe
zurück, reichte ihnen jenen Becher der Weisheit und
der

---

*) Creuzer, a. a. O. III. 453. u. ſ. f.

der Erkenntniß, der die Sehnsucht nach dem Ueber-
sinnlichen und ein Vergessen der niederen Region in
ihnen wirkte *).

Der Grund aller jener Widersprüche lag in einem allgemeinen und alten Mißverständniß der
menschlichen Natur, und in einer Umkehrung ihrer innern ursprünglichen Verhältnisse. In der Region des
Sinnlichen sehen wir öfters den bildenden Trieb durch
eine metastatische Verirrung von einem Organ auf
ein anderes übergehen, und z. B. die Absonderung
der Milch oder anderer Säfte an Theilen geschehen, welche an sich zu jener Verrichtung gänzlich
ungeschickt sind. Auch die Geschichte unserer
sinnlichen Neigungen ist reich an Beyspielen einer
solchen metastatischen Verirrung von einem Gegenstand auf einen andern, und schon jene Personen, welche des natürlichen Gegenstandes der ehe-
lichen oder elterlichen Liebe entbehren, heften öfters die Neigung, welche diesem gebührt, mit ihrer
ganzen Stärke auf andere, leblose oder belebte Dinge, die an sich keiner Neigung werth sind. Auf dieselbe Weise hat sich auch die Grundneigung unserer
zur Liebe geschaffenen geistigen Natur, von einem ihrem unsterblichen Bedürfniß angemessenen Gegenstand
auf einen ungleich niederen, wandelbaren verirrt, und
noch immer wirkt die Verirrte in einer solchen unge-
schickten Region, mit der ihr eigenthümlichen Kraft
und nach dem eingepflanzten Typus fort, wie ein

Nacht-

---

*) Creuzer, III. 466.

Nachtwandler, der sich, befangen im engen Zimmer,
an einem ganz anderen Orte wähnt, und dessen Handlungen deßhalb im lächerlichsten Contrast mit seiner
Umgebung stehen. — Die uns umgebende Sinnenwelt sollte nach den vorhin gebrauchten Worten Symbol, bildlicher Ausdruck der höheren Region, und des
Gegenstandes unserer geistigen Neigung seyn. Durch
eine optische Täuschung ist aber der Schatten zum Urbild, dieses zum Schatten seines Schattens geworden: jene Sinnenwelt, die für uns Region der ruhigen, kalten Reflexion und eine Bildersprache seyn sollte, deren Bedeutung sich auf den Gegenstand der höheren Neigung bloß bezogen, ist nun für uns der Gegenstand jener Neigung selber, und Region der Liebe,
des Gefühls; dagegen ist uns die geistige Sphäre Region der kalten Reflexion geworden. Die sinnlichen
Eigenschaften jener (symbolischen) Gestalten, erscheinen
uns nun als ihre Bedeutung, der ursprüngliche Sinn
derselben ist uns erloschen; umgekehrt sehen wir dagegen die Gegenstände der geistigen Region zum Bilde
und Symbol der Gegenstände unserer sinnlichen Neigung herabgewürdigt, und die mit ihrer ganzen unsterblichen Kraft im Dienste des Nichtigen befangene
Seele, mißbraucht in seltsamer Verkehrtheit die Strahlen selbst des geistigsten Lichtes bloß zu einer niedrigen Ausschmückung ihres schmutzigen und armen Auf-
enthaltes; wie in der sinnlichen Welt der Sclav zer-
störender Lüste selbst die kaum wieder erlangte Gesundheit nur zur schnelleren Selbstzerstörung benützt. Ein
altes Mißverständniß, eine alte Verwechslung hat
demnach das Aeußere zum Innern, das Niedere zum
Höheren und umgekehrt gemacht, und in unglücklicher

Ehe

Ehe sehen wir unsere unsterbliche Liebe mit einem durchaus ungleichartigen, ihrer unwürdigen Gespann zusammengepaart.

Eine neuere, tiefer gehende Sprachforschung, hat jene alte Verwechslung selbst überall in der articulirten Sprache und der Verwandschaft ihrer Worte unter einander nachgewiesen. *) Zuerst zeigt sich häufig, daß die Worte, welche ganz entgegengesetzte Begriffe bezeichnen, aus einer und derselben Wurzel hervorgehen, als wenn die sprechende Seele anfangs mit den Worten nicht die äußerlichen, einander entgegengesetzten Erscheinungen, sondern das (doppelsinnige) Organ bezeichnet hätte, das zum Auffassen dieser Klasse von Erscheinungen geeignet ist. So sind die Worte, welche warm und kalt bezeichnen, nicht nur noch jetzt in mehreren Sprachen gleichlautend: z. B. Caldo, was im Italienischen warm bedeutet, ist gleichlautend mit unserem kalt; sondern selbst in einer und derselben Sprache, gehen die Worte für kalt und warm aus einer und derselben Wurzel hervor, (gelu, gelidus, Kälte, kalt, mit caleo, calidus, warm) und der Gott des heißen Südens ist aus dem kalten Nord geboren. **) So wie sehr häufig in Mythus und Sprache die gute Gottheit mit dem Bösen verwechselt und wiederum das Böse als Gutes genommen wird, ***)

so

---

*) J. A. Kanne älteste Urkunde, — Pantheon — Indische Mythe.

**) Pantheon, P. 100.

***) Ebend. 194.

so entspringt auch im Persischen, wo doch sonst der
Mythus beyde entgegengesetzte Prinzipien scharf von
einander zu halten scheint, der Name des bösen Ahriman und des Lichtgottes Orim- Asdes aus Einer
Wurzel, eben so wie ᾽ερως (Liebe) und ᾽ερις Zwist,
und in verschiedenen Sprachen die Worte für Einig-
keit und Vereinigen und für Feind und entzweyen, (fast
auf dieselbe Weise, wie nach Schwedenborg aus sinnlicher Liebe jenseits der grimmigste Haß geboren wird.)
*) Auch Licht (das Symbol der Wahrheit), und Lug
und Lüge entspringen in verschiedenen Sprachen aus
Einer Wurzel, weil das Licht, (der schöne Morgenstern
wie es anderwärts heißt,) indem es sich zur sengenden
Flamme entzündet, der verzehrende Wolf und der böse Loghe geworden, der als Hund und Hündin auch
anderwärts in unreiner Bedeutung erscheinet. Jene
zweyfache (brennende und leuchtende) Natur des Lichtes begegnet sich in der Sprache und im Mythus allenthalben. **) Das Blut erscheint ebenfalls in beyden unter der Bedeutung des Giftes, des Zornes,
des rasenden Grimmes, und unter jener der Versöh-
nung, Besänftigung, Belebung. ***) Raserey und ruhige Besinnung, Finsterniß und Licht, das schwere
Metall und der leichte Vogel, Luft und Eisen, die
Bezeugungen der Freude und der Trauer, niedrig und
hoch, sinnliche Lust und Entmannung, und alle in ihrer
Bedeutung noch so entgegengesetzt scheinenden Worte
gehen

---

*) System der indischen Myth. P. 276.

**) Urkunde und Pantheon an verschiedenen Orten.

***) Pantheon 283 — 198 u. a. Ind Myth. 144 — 296.

gehen auf dieselbe Weise aus gemeinschaftlicher Quelle hervor, und das Lamm, so wie der Widder, welche öfters Symbole des schaffenden Wortes sind, erscheinen als Bock anfangs als Ausdruck des zeugenden Prinzips, dann der gröbsten Wolluft (auch hier Lamm und Flamme aus Einer Wurzel), oder als Schlange, in einer bald wohlthätigen bald furchtbaren Bedeutung.

Auf eine merkwürdige Weise läßt sich nicht selten noch in der Sprache und im Mythus der Weg deutlich nachweisen, auf welchem die Worte von der einen Bedeutung in die andere ganz entgegengesetzte übergegangen sind. Wir wollen auch hier nur einige wenige Beyspiele hervorheben. Die Verwandschaft des Erkennens und Zeugens ist schon von Franz Baader auf eine merkwürdige Weise dargethan worden. Auch in der Sprache und im Mythus ist die Taube, welche als heiliger Lebensgeift das Lebenswasser der Schöpfung, so wie den erkennenden Menschengeist bewegt, mit dem Vogel Phönix und der Palme gleichbedeutend. Die Palme, so wie die Blume der Nacht am Lebensquell, oder anderwärts die Eiche, Weinstock, Feigenbaum, wird hierauf zum Baume der Erkenntniß, welcher zugleich Baum des Haders ist. Endlich so wird der Baum der Erkenntniß zum Lingam, zum Werkzeug und Symbol sinnlicher Geschlechtslust. Auf dieselbe Weise wird auch das erkennende Auge (der Brunnen des Lichts, das Wort) auf der einen Seite zur bauenden, schaffenden Hand, auf der andern, zugleich mit der Hand, gleichbedeutend mit dem Organ der körperlichen Erzeugung. Das belebende Auge wird nun zugleich tödtend, die Wahrheit zeugende, schwö-

ren-

rende Hand, wird die täuschende, lügen verkündende,
zaubernde. So ist denn jene keusche Jungfrau des
Mythos, die nie von dem Hauch einer sinnlichen Lust
berührt worden, zu der unkeuschen Göttin der ausge-
lassensten wildesten Wollust geworden, das schaffende,
geistig erkennende Wort, ist nun durch eine furchtbare
Verwechslung unter dem Bilde des gräulichen Bockes
Mendes angeschaut worden, dessen Kultus alle Schand-
thaten der ausgeartetesten thierischen Wollust in sich
vereinte, aus dem Fisch und der Fischschlange der
sinnlichen Lust, *) ist aber auch jenes furchtbare Gift
gekommen, welches die Welt und das Leben vergiftet
hat. Das Wort der Liebe, der heilige Name, das
Gesetz, sind zur Strafe, zum Zorne, zur Rache
geworden **).

Eben so wie sich durch jene große Sprachenkata-
strophe das Gute ins Böse, das Licht in die Finsterniß verkehrt hat; so verstellt sich umgekehrt das Böse ins Gute, und in häufigen Beyspielen, wozu sich
schon die oben angeführten gebrauchen lassen, erscheint,
in Mythos und Sprache, das Böse und Giftige,

täu-

---

*) Merkwürdig ist's, daß selbst noch in einer Branche der
Traumsprache die Schlange Sinnlichkeit bezeichnet.
Man erinnert sich dabey an Schwedenborgs Traum-
Geisterwelt. „Das körperlich Sinnliche, sagt er irgend-
wo, wird im andern Leben durch Schlangen vor-
gestellet.‟

**) Ueber dies Alles Kanne, an verschiedenen Orten,
besonders im Pantheon.

6

täuschend in lieblicher Gestalt, als Gutes und Heil-
bringendes.

Aber was war die Ursache jener babylonischen
Sprachenverwirrung, die Ursache, daß jene Taube,
jener göttliche Geist, der den Völkern die Sprache
gelehrt, zugleich Vogel des Zwistes geworden?

Haranguerbehah, heißt es in der alten Sage,
anfangs ein reiner Ausfluß des göttlichen Urlichts,
als er in seiner Gestalt die Gestalten aller Dinge beschlossen, die Prinzipien alles Werdens in sich ver-
schlungen, betete nun sich selber an, sagte zu sich selber Aham, ich bins, und wurde dadurch Urheber
des Abfalles, der Lüge und des Todes, obgleich in
seinem Namen Sati das S und I noch von dem ersten,
göttlichen Ursprunge zeugen, das T von der Lüge und
dem Tode. Dieser Haranguerbehah, heißt es weiter,
der das Verlangen nach der Figur der ganzen Welt
bezeichnet, (wie Parkorat, der weibliche Verstand:
Gottes Verlangen nach der Welt,) beschloß bey sich
selbst, die ohne Figur und Namen in ihm gelegene
Welt hervor zu ziehen, und als er das ewige Licht
(die Sonne) in sich verschlingen will, entsteht die
Rede, welche, in Namen getheilt, allen Kreaturen ihre Benennung giebt, und Ursache der Zeit- und Raumverhältnisse, wie der Wissenschaft wird. Auch in andern Sagen erscheint die articulirte Menschensprache
als eine spätere Erfindung, und jener stolze Sinn,
der das ewige Licht in sich verschlingen, Berge auf-
thürmen, sich durch den Bau des Thurmes ewig machen will, wird dabey in sehr verschiedenen mythischen
Bildern dargestellt.

Selbst

Selbst das Buch der Natur enthält einen ähnlichen Mythus, auf dessen Inhalt wir hier nur hindeuten wollen.

Die jetzige uns umgebende sinnliche Welt — das als Natur offenbarte Wort — ist freylich in fest stehenden Lettern abgefaßt, und die Geschlechter der sichtbaren Wesen erhalten und erneuern sich, auf dem gewöhnlichen Wege, fast ohne alle Veränderung. Indeß ist es doch sehr die Frage: ob dieses immer so gewesen, oder ob nicht vielmehr der schaffende Proteus in den letzten seiner Verwandlungen gewaltsam fest gehalten worden, ob nicht die einander gegen über stehenden, kämpfenden Kräfte (ein trauriges Hochzeitmahl der Lapithen) gewaltsam in ihren wandelnden Bewegungen gehemmt und erstarrt sind? Jene Ueberreste einer vormaligen organischen Natur, die sich in den älteren Gebirgen finden, haben, wenigstens größtentheils, zu andern Formen gehört, als die der jetzigen Natur sind, und der alte Meeresgrund der Gebirge zeigt uns, in den über einander gehäuften abwechselnden Schichten, wovon zuweilen eine jede ihre eigene Thierarten enthüllt, ein wirklich periodisches Verwandeln und Abwechseln der Formen, eine in verschiedenen Zeiträumen ganz verschiedene Thierwelt, wie solche proteische Umwandlungen aus einer Form in die andre, noch jetzt unter den Infusorien wahrgenommen werden. *) Freylich sind die in der letzten großen Katastrophe untergegangenen Geschlechter den jetzigen ziemlich ähnlich,

indeß

---

*) Ueber dieses merkwürdige noch immer wenig gekannte Reich, steht eine treffliche Schrift, von H. Nees von Esenbeck zu erwarten, voller eigenthümlicher, fruchtbarer Ansichten und neuer Entdeckungen.

indeß war auch diese Katastrophe erst eine Folge jenes versteinernden Hochzeitmahles.

Wenn einst das höhere Urbild dieser körperlichen
organischen Natur, als wandelndes, wechselndes Wort
der Rede, unmittelbar aus den Bewegungen der geistigen Region hervorgehend, von diesen Bewegungen
abhing und mit ihnen sich wandelte: so stehen vielmehr
jetzt die Prinzipien der Erhaltung und beständigen Wiedererneuerung der Geschlechter, in der Gewalt der
Wesen selber. Das ewige Lied der Schöpfung verhal-
let an dieser starren Mauer zuletzt in einen einzigen Ton,
der ohne Wechsel immer derselbe fortklingt, dessen Vi-
brationen die immer sterbenden und als dieselben wie-
derkehrenden Geschlechter sind, und das zur todten me-
tallnen Schlange geworbne Weltall, ist ein immer, da
wo er endet auch wieder beginnender Ring geworden.
Noch ist selbst jene älteste Thierwelt die wir nur kennen, ohne Unterschied des Geschlechts oder andro-
gynisch gewesen, während die jüngste jenen Unterschied am auffallendsten und markirtesten in sich
ausgebildet trägt. Uranus, der waltende Herrscher
der ältesten Vorwelt, heißt es, ist gewaltsam ent-
mannt worden (nach Sprache und Mythus ist
Entmannung und Ausübung sinnlicher Wollust
Ein Wort), aus dem Blute und dem belebend
Flüssigen seiner Mannesstärke ist die Göttin aller
körperlichen Erzeugung und des sinnlichen Entstehens
geworden. Die Prinzipien der Erzeugung, scheint
jener Mythus sagen zu wollen, sind durch eine gewaltsame Katastrophe, welche die Natur aus ihrem
ursprünglichen Verhältnisse zur geistigen Region losriß,

in

in die Gewalt der sinnlichen Wesen gekommen, und in der That spricht denn auch die Verschiedenheit jener beyden Sprachen, von denen wir hier reden, von einer solchen Katastrophe.

Die ursprüngliche Sprache des Menschen, wie sie uns der Traum, die Poesie, die Offenbarung kennen lehren, ist die Sprache des Gefühles, und, da der Gefühle lebendiger Mittelpunkt und Seele die Liebe ist — die Sprache der Liebe. Der Gegenstand jener Liebe ist ursprünglich das Göttliche, und die höhere Region des Geistigen gewesen. Die Worte jener Sprache, welche zwischen Gott und dem Menschen bestanden, waren die Wesen der uns noch jetzt (als Schatten der ursprünglichen) umgebenden Natur. Jene Sprache handelte von dem Gegenstand unserer ewigen Liebe, (ihr geistiger Inhalt war das Wort) war nicht dieser Gegenstand selber. Wie jedes Bedürfniß, jede Liebe ihre natürliche Wissenschaft mit sich bringt; so brachte auch jenes Sehnen im Menschen seine Wissenschaft mit sich, und dem Menschen, als Herrscher und Mittelpunkt der Natur, war diese ein Saitenspiel, womit er das Lied seines ewigen Sehnens besungen, und aus welchem er wiederum das Wort, den Ton der ewigen Liebe vernommen. Noch ist es im Anfange der Einfluß, der Lebensgeist der höheren Region gewesen, welcher dieses Meer wechselnder Gestalten bewegte und wandelte. „Aber dem unerfahrnen Kinde kommt irgend woher der Gedanke, in das Innere des ihm vom Vater geschenkten Uhrwerkes hineinzublicken, mit erkennender Hand es zu zerlegen, und selber nach eigener Phantasie ein anderes Werk daraus

raus zusammenzusetzen." Sein ganzes Sehnen, und die Wissenschaft dieses Sehnens verläßt nun die ursprüngliche Bahn, und wird von dem Meister auf das Instrument gerichtet. Das schöne Werk, gewaltsam losgerissen von seiner Wurzel, die ihm Leben und Bewegung gab, steht still, nur ein mitleidiger Strahl von oben giebt und erhält ihm noch die Kraft einer beständig im einförmigen Kreise sich drehenden Wiedererneuerung und Wiedererzeugung.

Ein großer, guter König, spricht die Sage, hatten seine Liebe einer armen, unbekannten Jungfrau geschenkt. Noch lebte sie fern und getrennt von ihm, aber Boten der Liebe waren zahlreiche und glänzende Diener, die der König ihr sandte und die ihm wieder den Gruß der Liebe zurück brachten. Und die Schönheit der Diener blendete die unerfahrne Jungfrau, eine strafbare Neigung erwachte in der vergeblich Gewarnten, sie vergaß jene ferner als Boten der Liebe zu senden oder den Gruß des Geliebten von ihnen zu vernehmen, Sclaven sollten sie ihr seyn, mit denen sie bey ihren Nachbarn prangte, Sclaven strafbarer Neigung. Arme Gesunkene! wer wird dich retten, wenn nicht die ewige Liebe noch größer ist als dein Vergehen, mächtiger als der Tod selber!

So ist auch dem Menschen die Sinnenwelt und sein armes Selbst Gegenstand der Liebe und des Sehnens geworden, während der ursprüngliche Gegenstand seiner Liebe, die Region des Geistigen und Göttlichen, ihn kalt läßet. In traurigem Wahnsinn bezieht er nun jene Worte, der ursprünglichen Sprache, die

von

von der ewigen Liebe und ihrem unſterblichen Vor-
wurfe gehandelt, auf das enge Bedürfniß, ſeine eigene unnatürliche Liebe, und jenes Wort, welches den
Geiſt des göttlichen Erkennens bedeutete, womit Gott
den Menſchen und die Welt erkannte und aus ſich
erzeugte, hat für ihn, nach einem oben gewählten
Beyſpiel, die Bedeutung niederer ſinnlicher Luſt gewonnen. Der Arme, der ſich ſtolz zum Menſchen-
Schöpfer, zum Schöpfer der Natur machen wollte,
iſt ein Schöpfer des Todes geworden, ſeine Welt zum
Grabe, an welchem der Ton der ewigen Liebe nur
noch als Grabgeläute nachhallet. — Hier iſt der Quell
aller jener Mißverſtändniſſe und Verwechſelungen.
Ein Lied voll hohen, göttlichen Inhaltes, iſt aufs
fürchterlichſte traveſtirt worden, noch ſind es dieſelben Worte, aber der geſunkene Menſchengeiſt mißbraucht ſie aufs entſetzlichſte, wie ſchon in einem be-
ſchränkteren Kreiſe, der entartete Wollüſtling die heiligen Worte: Liebe und Freundſchaft aufs niedrigſte
mißbraucht.

Aber jene Sprache Gottes, dieſe uns noch jetzt
umgebende Natur, hatte urſprünglich einen Inhalt,
der ein unendlicher und unermeßlicher war, und von
ewiger Natur, durch jene Traveſtirung ſind aber ihre
Worte auf einen Kreis bezogen, welcher der engſte,
ärmſte und beſchränkteſte iſt, bis zu welchem die
menſchliche Seele herabſinken könnte; ihre Worte bedeuten nun einen Gegenſtand von ſterblicher und ver-
gänglicher Art. Ganz naturlich iſt hierbey der größte
Theil der Worte außer aller Beziehung und ohne alle
Bedeutung geblieben, auf jenen engen Kreis ließen

ſich

sich nur wenige anwenden, eben so, wie in der Region des Scheines, der blöde Sinn eines beschränkten Verstandes, wenn er den engen Kreis seines armen Bedürfnisses anschaut, aus der reichsten Muttersprache nur einiger weniger Worte bedarf, die übrigen unbenutzt läßet, und nicht einmal kennet. Da ferner bey jener verkehrten Anwendung und Verdrehung die Worte gar nicht mehr in ihrem ursprünglichen Sinne gebraucht wurden, worin sie allein Licht und Zusammenhang erhielten, so verlor überhaupt jene Sprache für den Menschen ihr ursprüngliches Licht, wurde ihm fast ganz unverständlich und zur Region des Dunkels. Nur wer die höhere Region des Geistigen kennt, und jenes Wort, das seitdem an der Stelle der Natur geoffenbaret worden, und das mit dieser von gleichem Inhalt, der wird der Schlüssel zu jenem Labyrinth mannichfaltiger, für uns bedeutungslos gewordener Gestaltenhieroglyphen finden.

Es entsteht ferner durch jene Travestirung, die Doppelsinnigkeit der menschlichen Seele, vermöge welcher dieselbe Zuneigung des Gemüths für den höchsten wie für den niedrigsten Gegenstand empfänglich wird. Die unsterbliche Natur des Menschen ist so verkehrt worden, daß nun, selbst bey der Stimme der höchsten Liebe, öfters die niedrigste Lust erwacht, und wenn an diesem doppelt bespannten Instrument die eine Saite tönt, hallet zugleich die ihr gleichstimmige, höhere oder niedere mit. Wenn Traum, Poesie, und selbst Offenbarung, noch immer mit uns, der ursprünglichen Organisation des Geistigen gemäß, die Sprache des Gefühles, der Liebe reden; so erwecken sie leider in uns

uns, zugleich mit dem ewigen und göttliche Sehnen,
oder selbst anstatt desselben, die Welt sinnlicher Neigungen und Lüste; der Lebensquell selber ist vergiftet,
der Becher der Begeisterung, den der Liebende seiner
Jungfrau sandte, daß sie aus ihm Weihe des reinen,
göttlichen Sehnens tränke, ist ihr zum Reizbecher niederer Lust, die reine in ihm wohnende Flamme, zum
Feuer niederen Taumels geworden.

Was Sprache des Wachens seyn sollte, ist uns
jetzt dunkle Sprache des Traumes, und überhaupt ist
nun die Region des Gefühles, selbst des ursprünglich
geistigeren und reineren, der Seele, so lange sie in
diesem mit doppelten, so entsetzlich verschiedenartigen
Saiten bespannten Instrumente wohnet, eine gefahr-
volle, unsichere Region geworden. Die niedere Natur
muß sterben, und obgleich dieses Unkraut neben dem
Waizen und mitten unter ihm aufwuchs; so stirbt die
ewige Natur doch nicht mit jener zugleich, und das
asbestene Gewebe gehet aus der Flamme, welche die mit-
eingewebten Fäden niederer Art verzehrte, nur reiner
und schöner hervor. Und diese Flamme ist eben jene Nacht
ohne Stern, jener Zustand der tiefen Verlassenheit,
des Mangels, selbst der reinsten und heiligsten Gefühle. Die Seele, wenn sie nun Alles verlassen, um
jener einzigen Liebe willen, wähnet, an diesem Felsen, den sie allein gesucht, in der Fluth des Wandelbaren, und nach manchem Sturm gefunden, das
schwache Fahrzeug auf ewig befestigt, sie glaubt jene
Eine Liebe werde unsterblich seyn, ihre Treue und
Süße unwandelbar durch Zeit und Ewigkeit! Und
nun sieht sie sich auch von dieser verlassen, auch das
eiu-

einzige Auge, an dem das ihre noch glaubend hing, hat sich geschlossen, um sie lauter Nacht, alles schweigt, nur nicht der Spott der Welt, die sie um des Einen willen verlassen. „Aber wir weichen nicht! und wohin sollten wir weichen, ist uns doch nichts mehr außer dir! Diese Liebe zu dir ist unsterblicher Art, wie du selber!“ *) — Und siehe, die zagende Seele findet sich beym Erwachen aus ihren Schmerzen mitten in Jenem selber befangen, den sie bang gesucht, dem sie, als sie sich ihm am fernsten glaubte, am nächsten war, und unmittelbar nach der Erstarrung der kältesten Morgenstunde, erhebt sich die wärmende Sonne.

Die Seele soll sich in dem jetzigen, verkümmerten Zustande, wieder eines höheren und ursprünglichen — eines neuen, künftigen Lebens fähig machen. Ueberhaupt muß sich im Tode das Verhältniß von neuem umkehren; die (Geister) - sprache des Traumes muß wieder Sprache des wachen, gewöhnlichen Zustandes werden. Wie könnte aber dieses geschehen, ohne die Seele in die größte Gefahr und selbst unmittelbar in jenen Abgrund zu stürzen, über welchen sie die Doppelseitigkeit ihrer jetzigen sinnlichen Welt und eigenen sinnlichen Natur noch aufrecht erhält, (wovon später,) wenn nicht vorher jenem unsterblichen Sehnen seine ursprüngliche Bahn und das ursprüngliche Ziel angewiesen würde. Es muß in dem jetzigen Daseyn ein Weg gefunden werden, auf welchem die Seele aus je-

---

*) Gerhard Terstegens Auszug aus des Bernieres Louvigni Schriften, Nürnberg 1809.

jenen niederen Banden, und von dem anklebenden na=
türlichen Mißverstehen und Mißdeuten des Wortes
der Geisterwelt frey werden kann, eine Region muß
noch hienieden für sie erbaut werden, in die sie sich
von der sonst unvermeidlichen Ansteckung zu retten
vermag, welche der unsicher gewordene und selbst ver=
giftete ehemalige Lebensquell in ihr wirken könnte.
Jene Region ist denn wirklich aufgefunden, es ist
unsre articulirte Sprache, die künstlich erlernte Spra=
che unsers Wachens.

Wie unmittelbar nach der großen Katastrophe
der Winter in die Natur gekommen, welcher dem Men=
schen gerade in jenem Gebiet der Erde, das der ur=
sprüngliche Wohnsitz seines Geschlechts war, einen
Theil des Jahres hindurch die äußere Sinnenwelt
entzog, und ihn auf sich selber beschränkte; so entstund
auch dem Menschen seit der großen Katastrophe seine
jetzige Laut=Sprache. Diese ist allerdings aus der ur=
sprünglichen Natur= und Gestaltensprache hervorgegan=
gen, und ein zufälligerer untergeordneter Bestandtheil
derselben gewesen. Der untergeordnete hat aber nun
die wesentlicheren Bestandtheile verdrängt, und gerade
durch dieses krankhafte, einseitige Verhältniß ist die
Sprache des Wachens jenes Mittel geworden, wodurch
sich die Seele der Region des sinnlichen Gefühles und
alles Gefühles überhaupt ganz entziehen, die Klippen
jener unsicheren Doppelseitigkeit vermeiden, und sich
ihrem ursprünglichen Kreise, rein und abgeschieden von
dem andern niederen zu nähern vermag. Zugleich ist
sie aber auch jenes Kunststück, wodurch es dem Men=
schen gelingt, die Farbe der Liebe an sich zu neh=

men

...nen ohne Liebe, den Schein des Lebens, ohne Leben; kaltes Feuer, warme Kälte, dunkles Licht, dürres Wasser!

Seitdem die ursprüngliche Sprache der Natur und des Gefühles, deren Inhalt Liebe des Göttlichen war, für den Menschen, weil er ihre Ausdrücke fälschlich auf seine eigene entartete Neigung anwendete, und bloß in dieser schlimmeren Beziehung nahm, unmittelbar gar nicht mehr verständlich, und selbst gefährlich geworden ist, hat sein Geist durch Sprache und Wissenschaft einen von der Region des Gefühls (das ihm nun zum bloß sinnlichen geworden) immer mehr abführenden Weg gehen müssen. Auf der einen Seite ist ihm die Scheidung von jener unsicheren dunklen Region wohlthätig, auf der andern entsetzlich tödtend, allen, auch den letzten Lebenskeim erstickend gewesen. Doch allerdings das erstere mehr als das letztere, und nicht zu unserm Nachtheil ist die anfängliche Sprache der Poesie, zur Sprache der nüchternen Prosa, das Lied der Natur zur Philosophie geworden. Freylich stirbt, ohne Nahrung von oben, gar leicht der Keim der höheren Gefühle zugleich mit den niedern, und die schöne Taube, die vom Baume des Lebens mit uns redete, ist gar vielfältig zum todten bleyernen Vogel geworden. *) In der That, unser Wissen, wie unsere Gesinnung haben sich von mehreren Seiten bald in jene beeiste Region verloren, wo auch das letzte Gefühl, die letzte Liebe stirbt.

[Aber

---

*) Wie in Sprache und Mythus (nach Kanne.)

Aber noch spricht (weihe ihr nur ein reines Organ!)
die ewige Liebe mit dir die erste, ursprüngliche Sprache, noch rührt der lbendige Hauch die Saiten der
Lyra, und mit den unreinen müssen auch zugleich die
reinen tönen. Und wenn (vielleicht bald) der Geist
unsers Geschlechts das Aeußerste jener Verlassenheit,
jenes Mangels erreicht, wo nun auch die letzten Le-
bensstrahlen von ihm weichen, so wird die ihm am
fernsten zu stehen, die er vergebens zu suchen schien,
die ewige Liebe ihm am nächsten seyn, der dunklen
Nacht der Morgen.

Jenen Entwickelungsgang der Sprache und Wissenschaft, von ihrem ursprünglichen Stand in der göttlichen Liebe, bis zu dem jetzigen der mehrseitigen Erstarrung, spricht irgendwo sehr sinnvoll der bekannte
Schwedenborg aus, dessen Zustand dem Pag. 12 erwähnten tieferen Grad des Traumes sehr ähnlich, und von
diesem nur durch die Verknüpfung mit dem Bewußtseyn des Wachens verschieden war.

„Einstens, erzählt er, als ich in Unterredung
mit einem Geiste war, welcher denkwürdige Dinge,
in einem Zustande, welcher dem des Schlafes glich,
zu reden schien, kamen Geister zu uns an, welche unter einander sprachen, es verstunden aber weder
die Geister um mich herum noch ich, was sie
redeten. Ich wurde belehrt, daß es Geister aus dem
Erdball des Mars wären, welche also unter einander sprechen konnten, daß die anwesenden Geister
nichts davon verstünden. Ich verwunderte mich, daß
es eine solche Sprache geben könnte, da alle Geister

Eine

Eine Sprache haben, die aus dem geistigen Reprodu-
ziren der Ideen besteht, welche in der geistigen Welt
wie Worte vernommen werden. Mir wurde gesagt,
daß jene Geister dadurch ihre Gedanken, die sie auf
gewisse Weise durch die Lippen und das Angesicht aus-
drücken, andern entziehen, daß sie sich dabey künstlich
frey von Rührung und dem inneren Gefühle dessen
was sie sprechen erhalten. Denn weil der Gedanke
nur aus dem Gefühle lebt, kann derselbe nur durchs
Gefühl sich Andern offenbaren und er bleibt diesen
verschlossen, wenn die Rede als bloße Bewegung der
Lippen und Gesichtszüge durch Entfernung der Rührungen entseelt und getödtet wird. Es sind dieses
solche Einwohner des Mars, welche das himmlische
Leben in die Erkenntniß allein, und nicht in das Leben der Liebe setzen, doch sind nicht alle Einwohner
jener Welt so. Jene behalten ihre todte Sprache
auch als Geister bey. Jedoch, so sehr sie meynen
Andern unverständlich zu seyn, werden sie doch in ihren geheimsten Gedanken, von den Geistern einer höheren Ordnung (den zu Engeln gewordenen) durch-
schauet. Von diesen wurde ihnen gesagt, daß es böse sey, das Innerliche also zu verschließen, und davon auf das Aeußerliche abzuweichen, vornehmlich,
weil es Falschheit sey, also zu reden, und Mangel
an Wahrheit. Denn die, welche wahr sind, wollen
nichts reden und denken, als was Alle, auch der
ganze Himmel wissen möchten, die dieß nicht wollen,
denken nur wohl von sich, und übel von Andern, zuletzt selbst vom Herrn. Es wurde mir gesagt, daß
diejenigen, welche auf solche Weise in Kenntnissen allein, und in keinem Leben der Liebe stehen, und welche

sich

sich gewöhnt haben, ohne Rührung zu reden, der zu
Bein erstarrten harten Haut gleichen, welche den Mittelpunkt des sinnlichen Lebens, das Gehirn umschließt,
ohne an den Rührungen desselben im mindesten Theil
zu nehmen. Sie sind geistlich todt, denn die allein
haben ein geistliches Leben, deren Erkenntniß aus der
himmlischen Liebe kömmt. Und dieses Erkenntniß,
welches in der unendlichen Liebe ist, gehet über alles
andere Erkenntniß; die, welche, so lange sie in der
Welt lebten, in der Liebe stunden, wissen, wenn sie
nach dem Tode in den Himmel kommen, und lieben
Dinge, die sie niemals vorher wußten; denken und
reden wie die übrigen Engel: Dinge, die kein Ohr
jemalen gehört, kein Herz empfunden hat, die unaus-
sprechlich sind."

„Der Zustand jener ausgearteten Geister des
Mars, dessen Einwohner noch zum großen Theil in
der ersten, himmlischen Liebe leben, wurde uns in
einem anderen Bilde vorgestellt."

„Ich sahe etwas sehr schön Flammendes; es war
von mancherley hell glänzenden Farben, purpurn,
dann weiß, dann roth. Hierauf zeigte sich eine
Hand, an welche sich dieses flammende Wesen ansetz-
te: zuerst auf die äußere Seite, dann auf die flache
Hand, dann rings um die ganze Hand herum. Dieses dauerte einige Zeit lang, dann entfernte sich die
Hand sammt dem flammenden Wesen auf einige
Weite, wo sie als eine Helle stehen blieb, worinnen
die Hand verschwand. Hierauf verwandelte sich das
flammende Wesen in einen Vogel, welcher anfangs
von

von jenem noch die hellen, glänzenden Farben an sich
trug. Diese Farben verloschen aber nach und nach,
und mit ihnen die Lebenskraft im Vogel. Dieser flog
umher, zuerst um mein Haupt, dann in ein enges
Zimmer, das einer Kapelle glich, und wie er mehr
vorwärts flog, wich das Leben immer mehr von ihm,
und er wurde endlich zu einem Stein, anfangs perl-
farben, dann immer dunkler; ob er aber gleich kein
Leben mehr hatte, so flog er doch immer. Als der
Vogel noch um mein Haupt flog, und noch in seiner
Lebenskraft war, erschien ein Geist, welcher von unten, durch die Gegend der Lenden bis zur Brust aufstieg, und wollte von da jenen Vogel wegnehmen.
Weil dieser aber so schön war, verwehrten es die
Geister die um mich waren, denn sie hatten alle ihr
Gesicht mit mir zugleich auf die Erscheinung gerichtet.
Er aber beredete sie, daß der Herr mit ihm sey, und
daß er es aus dem Herrn thue, und obgleich die
meisten es nicht glaubten, hinderten sie ihn nicht weiter. Weil aber in diesem Augenblick der Himmel seinen Einfluß gab, vermochte er nichts über den Vogel, sondern dieser entflog ihm frey. Indem dieß geschahe, redeten die Geister unter einander von der
Bedeutung dieses Gesichts. Sie erkannten, daß dieses nichts anders, als etwas Himmlisches habe an-
zeigen können, und wußten daß das flammende Wessen die himmliche Liebe und deren Rührungen bedeute,
die Hand: das Leben und seine Schöpferkraft, die
Veränderung der Farben: die Verwandlungen des Lebens durch Weisheit und Erkenntniß. Auch der Vogel bedeutet Liebe und deren Erkenntniß, aber während das Flammende die himmliche Liebe: die Liebe

zu dem Herrn bezeichnet, bedeutet der Vogel die geistliche Liebe: die Liebe zum Nächsten und das Erkenntniß das in dieser Liebe ist. Die Veränderungen der
Farben und zugleich des Lebens im Vogel, bis er zu
Stein worden, bedeuten die nach und nach entstehenden Veränderungen des geistlichen Lebens nach dem
Erkenntniß. Ferner wußten sie, daß die Geister,
die von unten herauf durch die Gegend der Lenden
nach der Brust empor steigen, in der starken Ein-
bildung stehen, sie seyen in dem Herrn, und alles
was sie thun, auch wenn es böse wäre, thäten sie
aus dem Herrn. Dennoch war den Geistern die Bedeutung des ganzen Gesichtes noch dunkel. Endlich
wurden sie von oben belehrt, daß unter jenem Gesicht
der Zustand der Einwohner des Mars verstanden
würde. Das flammende Wesen bedeute die himmlische Liebe, worinnen noch viele von ihnen stehen, der
Vogel, so lange er noch in der Schönheit seiner Farben und in voller Lebenskraft war, bedeutete ihre geistliche Liebe, als er aber wie von Stein, leblos und
allmählig dunkel würde, deutete er jene Einwohner
an, die sich von der Liebe entfernt haben und im
Bösen sind; jene welche das Leben ihrer Gedanken
und Regungen auf eine fremde Weise in fast gar
kein Leben, in todte Kenntniß verwandeln. Solche
der Liebe entfremdete, im Bösen begriffene Geister,
die doch noch von sich wähnen, sie seyen in dem
Herrn, sind auch durch den Geist angezeigt worden, welcher aufstieg und den Vogel wegnehmen
wollte." —

Wir

Wir haben hier aus mehreren Gründen zugleich ein ausführlicheres Beyspiel von einer Vision jenes psychologisch merkwürdigen Mannes geben wollen. Deutlicher als irgendwo, wird hier der eigenthümliche Charakter der Traumsprache, die eigenthümliche Aufeinanderfolge der Ideen und Erscheinungen des Traumes, die Weise seines Ausdrucks erkannt; jene Vision ist uns deßhalb eine Erläuterung des früher Gesagten. Zugleich aber ist sie uns Beyspiel einer Art psychologischen Erscheinung, durch die wir uns nun den Weg zu dem physiologischen Theil des Traumgebietes bahnen wollen.

6.

6. Die Echo.

Schon der die Zunge bewegende und der Schlund-
kopf Nerve, am allermeisten aber der Stimmnerve,
welchem im lebenden Kerper die Funktion der Stimme und des lauten Sprechens zukömmt, stehet durch
Bau, Verzweigung und organische Bestimmung in
der genauesten Beziehung mit einem Theil des Ner-
vensystems, der, den Nerven des Gehirns und Rück-
marks gegenüber, ein für sich bestehendes, selbstständi-
diges Ganze bildet. Dieses an Ganglien und Geflechten reiche, sogenannt sympathische System, aus
welchem alle Eingeweide der Brust- und Unterleibs-
Höhle und die Blutgefäße des ganzen Körpers ihre
Nerven empfangen, enrspringt nicht, wie die ältere
Ansicht wollte, aus dem fürften und sechsten Nerven-
paar des Gehirns, sondern stehet mit diesen, so wie
mit einigen andern Gehirn- und allen Rückenmarksnerven bloß in Verbindung, und jene vermeinte Wurzel stünde schon in Hinsicht ihrer ungemeinen Feinheit
in keinem Verhältniß mit dem übrigen Verlauf. *)
Es wird deßhalb im unvollkommneren Thierreich und
selbst noch in Mißbildungen des vollkommneren **)

im

***

*) Sömmering, vom Bau des menschlichen Körpers, B.
V. Abth. 1. S. 322.

**) Zuweilen hat man auch in Erwachsenen das Gehirn
ganz oder fast ganz durch Eiterung u. a. zerstört gefunden, ohne daß lange Zeit bey jenem schon ziemlich
vorgeschrittenen Zerstörungsprozeß eine Abnahme der
Hirn-

im Gangliensystem auch ohne Gehirn und Rückenmark gefunden, und nicht selten fehlen in der Nervenknoten. Reihe des sympathischen Nerven, vom Gehirn abwärts einzelne Verbindungsglieder ohne Nachtheil. Mit einer vorzüglichen Klarheit hat Reil *) das Verhältniß dargethan, welches zwischen dem Ganglienund Gehirnsystem statt findet. Schon im Bau unterscheiden sich die aus dem Gehirn und Rückenmark entspringenden Nerven auffallend von denen des Gangliensystems, und dem fast gänzlich zu ihm gehörigen Stimmnerven. Die letzteren sind weicher, gallertartiger, graugelb und röthlich von Farbe, von häufigen Ganglien und Geflechten unterbrochen, und lassen sich nicht so leicht in Fäden auflösen, als die weißeren, härteren, stärker oxydirten Nerven des Cerebralsystems. Während die Gehirn und Rückenmarksnerven, als gute Leiter, nicht bloß die Empfindung zum Gehirn, sondern auch den Willen von diesem zu den Theilen leiten, gehorchen die Nerven des Gangliensystems dem Wil

---

Hirn und Nervenkräfte bemerkt worden. In einem besonders merkwürdigen Falle, war bey einem jungen Menschen durch ein blutiges Geschwür, die ganze Masse des Gehirns nach und nach Stückweis herausgeschworen, ohne daß sich dabey eine Veränderung der Verstandeskräfte gezeigt hatte. Er verlor erst vier Tage vor seinem Tode die Sprache. Bey der Section fand man das Gehirn ganz vernichtet, nur noch ein wenig faule schwarze Feuchtigkeit auf dem Grunde der Hirnschale. Man sehe Voigtels pathol. Anatomie, B. 1. S. 600.

*) Archiv für Physiologie, Band VII. Heft 2. Pag. 189.

Willen nicht: die Bewegungen der Blutgefäße und
des Darmkanals sind im Normalzustande unwillkühr=
lich, und ein lebendig geöfnetes Thier, welches so=
gleich schreyt, wenn es an einem aus dem Cerebral=
system entspringenden (z. B. dem Schenkel=) Ner=
ven gereizt wird, erduldet Stiche und Einschnitte in
einem weichen Nerven des Gangliensystems, ohne ir=
gend einen Schmerz zu äußern. Das ganze vegeta=
tive System des Leibes, alle jene Organe, welche zur
Bildung, Erhaltung und zum Wachsthum des mate=
riellen Organismus wirken, gehören in das Gebiet
des Gangliensystems, und dieses bildet, zusammen
mit dem Stimmnerven, nicht bloß die Geflechte des
Schlundes, Herzens, der Lungen, des Zwergfells, Ge=
kröses, Beckens und der Saamenbereitung; sondern
aus jenem vereinten System allein, empfangen die
großen Arterien ihre Nerven, während die Nerven
des Cerebralsystems bloß an den Blutgefäßen hinlau=
fen, ohne sich in sie zu verzweigen. Mit den Arte=
rien, aus deren Inhalt alle Theile des Leibes sich bil=
den und erhalten, verbreiten sich die Nerven des
Gangliensystems in alle Organe, und stehen hier allen
Prozessen der Absonderung, der materiellen Bildung
und Erzeugung vor.

Die sympathischen Nerven, welche, längs den
beyden Seiten des Rückgrats hinabwärts, eine lange
Ellipse bilden, die sich nach oben im Gehirn, nach
unten im letzten Beckenknoten schließt, sind, weit ent=
fernt, der Ursprung des Gangliensystems zu seyn, viel=
mehr nur die abgesteckte Gränze zwischen diesem und

dem Cerebralſyſtem. *) Innerhalb jener elliptiſchen Gränze, breiten ſich die weichen Nervengeflechte des erſteren aus, durch vielfache Fäden unter einander verbunden, keines jedoch dem andern untergeordnet, und leiten von dieſem Heerde aus, das Geſchäft der Verdauung, Blutbereitung, materiellen Bildung und Wiedererzeugung.

Wie ſchon jeder Nervenknote die leitende Kraft eines Nerven unterbricht, und dieſen, unabhängiger vom Gehirn und der Willkühr, bloß für den eigen-thümlichen äußeren Reiz empfindlich macht: ſo bildet auch der unaufhörlich von Ganglien unterbrochene ſympathiſche Nerve, rings um das Ganglienſyſtem her, einen Apparat der Halbleitung, welcher daſſelbe im Normalzuſtand ſo ſehr von dem Cerebralſyſtem iſolirt und unabhängig machet, daß die lebendige Thätigkeit des einen, einen nur mittelbaren Einfluß auf das an-dere hat, und daß die Bewegungen und Rührungen des Ganglienſyſtems im normalen (und wachenden) Zuſtand nicht zum Gehirn gelangen und von der Seele nicht empfunden werden, eben ſo wie dieſer über die Verrichtungen der Eingeweide und Gefäße keine unmittelbare Gewalt verſtattet iſt. Indeſſen wird in gewiſſen Fällen jene Iſolation aufgehoben, der Ap-parat der Halbleitung wird zum guten Leiter und die Verbindung beyder Syſteme, die Abhängigkeit des ei-nen vom andern wird hergeſtellt. **)

Ich

---

*) Reil, u. a. O. Pag. 229.

**) Reil, u. a. O.

Ich habe mich anderwärts bemüht zu zeigen, daß nicht bloß der Schlaf, sondern auch der natürliche Tod durch die Rückwirkung der dem Gangliensystem untergeordneten Organe erzeugt werde. *) Alle Phänomene des Schlafes und der mit ihm verwandten Zustände, scheinen aus dem Gangliensystem hervorzugehen, welches alsdann vor dem Cerebralsystem vorherrscht. Ueberhaupt zeigt sich uns das erstere in allen seinen Verrichtungen, als eine in materieller Bildung befangene Seelenthätigkeit, welche, sobald sie in jenem eigenthümlichen Geschäft gestört, oder ihres Materials beraubt wird, den eigenthümlichen Bildungstrieb ihrer ursprünglichen Natur gemäß, auf geistige Weise äußert. Im ruhigen, gesunden Schlafe herrscht die materielle bildende Thätigkeit des Gangliensystemes, über die eigenthümliche Thätigkeit des Cerebralsystems vor, und die letztere ruhet, befangen in der des ersteren, alle Thätigkeit der Seele ist erloschen in dem Geschäft der materiellen Bildung.

Während im Schlafe jene isolirende Scheidewand hinwegfällt, wenn der oben erwähnte Apparat der Halbleitung ein Leiter wird, und beyde Systeme zu Einem Geschäft vereint, gemeinsam wirken: so stellt sich dagegen beym Erwachen wieder das natürliche Verhältniß her, beyde Systeme sind nun von neuem isolirt und selbst von unsern Träumen bleiben uns nur

jene

---

*) Ahndungen einer allgemeinen Geschichte des Lebens 2ten Theiles erster Band, im ersten Abschnitte.

jene in der Erinnerung zurück, welche in die Region hinüber spielten, die durch den Stimmnerven einen leichteren Zugang zum Gehirn findet — in die Region der Leber.

Es wird uns jenes Verhältniß vorzüglich in den Phänomenen des Somnambulismus, des Nachtwandelns und des Wahnsinnes deutlich. Wenn im Zustande des Somnambulismus *) der geschärfte innere Sinn alles Aeußere, eben so klar und noch klärer als sonst im Wachen wahrnimmt, wenn er, bey krampfhaft verschlossenen, und zum Sehen ganz untauglich gewordenen Augen, äußere Gegenstände eben so, wie durchs Gesicht erkennt: so geschieht dieses, nach der einmuthigen Aussage aller Somnambulen mittelst der Herzgrube — der Magengegend. Ein an diese Gegend gelegter Brief wird gelesen, das leiseste, unhörbarste, an diese Gegend gesprochene Wort wird vernommen, und selbst Ahndungen des Künftigen, Wahrnehmungen und Ahndungen dessen, was fern und außerhalb dem Kreise einer gewöhnlichen sinnlichen Beobachtung liegt, geschehen, nach jener Aussage, durch die Gegend der Herzgrube. Wenn die Somnambule mit der Seele des Magnetiseurs so ganz Eins wird, daß sie jeden Gedanken, jedes Gefühl des-

des-

---

*) Man vergleiche über alle in diesem Abschnitte angeführten Phänomene des Somnambulismus: Kluges Versuch einer Darstellung des animalischen Magnetismus als Heilmittel, Berlin 1811, ein Werk, das unter allen bisherigen, jenes Gebiet der Physiologie am vollständigsten und tüchtigsten umfaßt hat.

deſſelben erräth und mitfühlt; wenn ſie tiefe Blicke
in die innere und äußere, vergangene und gegenwär-
tige Geſchichte aller mit ihr in Verbindung geſetzten
Perſonen zu thun vermag; wenn ſie ſich ſelber Ereigniſſe und Zufälle vorausverkündigt, welche mit dem
Kreiſe des gegenwärtigen Wiſſens durchaus in keiner
Beziehung ſtehen; wenn ſie nicht bloß die Heilmittel
genau beſchreibt und angiebt, die ihre Krankheit zu
heilen vermögen, ſondern durch ein eröffnetes Ahndungsvermögen ſogar den von ihr nicht beſuchten Ort,
wo dieſes oder jenes heilende Kraut wächſt: *) ſo
zeigt ſich immer die Gegend des Magengeflechtes und
der Herzgrube als das Organ jenes Erkennens. **)
Alle Gegenſtände, welche der Somnambule deutlicher
betrachten will, pflegt er aus einem innern Inſtinkte
an dieſe Stelle zu halten ***) wie ſonſt ans Auge.

Aber wenn in jenem merkwürdigen Zuſtande eine
höhere Kraft des Erkennens und Gefühles in der
Seele erwacht war, wenn die Somnambule mit einer
Klarheit und Sicherheit über Gegenſtände ſprach,
die ihr ſonſt nur wie dunkle Bilder vorſchwebten,
wenn ihr die fernſte Vergangenheit wie die Zukunft
hell wurde, ****) wenn ſie mit geiſterhafter Einſicht,

den

---

*) Dieſen ſeltſamen, von dem biedern wahrheitliebenden
Wienholt beobachteten Fall, erzählt Kluge S. 215.

**) Kluge u. a. O. S. 131, — 150 — 204 — 213 u. f.

***) Kluge, S. 197.

****) Kluge, S. 213.

den Zusammenhang der geheimſten Handlungen und Gedanken erräth, welche außer Gott, niemand, als der handelnden oder denkenden Perſon bekannt ſeyn konnten, *) wenn ſie ſelber zuſammengeſetzte und künſtliche Handlungen verrichtet, arbeitet, ausgeht, und beſuchende Perſonen unterhält: ſo iſt auf einmal alles dieſes Wiſſen, und ſelbſt die Erinnerung an alles Geſprochne und Gethane beym Erwachen verſchwunden. Im Somnambulismus war jene Iſolation aufgehoben, der gewöhnliche Mittelpunkt unſers Denkens — das Gehirn — war mit dem Ganglienſyſtem vereint, und nahm an jenen geiſtigen Geſchäften Theil, welche durch dieſes geſchahen. Dagegen wird nun beym Erwachen auf einmal die Iſolation wieder hergeſtellt und den Nachklängen jener bloß durchs Ganglienſyſtem möglichen Thätigkeitsäußerungen, bleibt nun kein Zugang mehr zum Gehirn offen, ſo wie umgekehrt, da jede willführliche Erinnerung nichts anders iſt, als eine Wiederererneuerung der früher empfundenen Rührungen durch den Willen, in dieſem Falle keine Erinnerung möglich iſt, weil der Wille keinen Zutritt zu den Organen hat, worinnen jene Rührungen geſchahen. Die Somnambule will an die Erzählung alles deſſen, was ſie im magnetiſchen Schlaf geſprochen und gethan, nicht mehr glauben, ihr ſelber ſcheint es unmöglich, daß ſie noch vor wenig Augenblicken eine ganz andere, mit ganz andern Kräften und Fähigkeiten begabte Perſon geweſen. **)

So

---

*) Ein ſehr merkwürdiges Beyſpiel der Art bey K l u g e, S. 220.

**) K l u g e, a. a. O. 109, — 186 — 244.

So entsteht das Phänomen einer doppelten Reihe von Zuständen, davon jede in sich selber, die eine
aber nicht mit der andern zusammenhängt. Die Somnambule erinnert sich, sobald sie heute wieder in den
Zustand des magnetischen Schlafes geräth, alles dessen, was sie gestern und früher in diesem Zustande
gethan und gesprochen; sie knüpft nicht selten das Ge-
spräch gerade da wieder an, wo sie es ein andermal
abgebrochen, und verspricht umgekehrt in einer künftigen Krise über Gegenstände eine weitere Auskunft
zu geben, die ihr heute noch dunkel waren. So hängen die Zustände des magnetischen Schlafes durch
klare Erinnerung eben so innig unter einander zusammen als im wachen Zustande das Heute mit dem
Gestern.

Aber der eigentliche, vollkommene Somnambulismus hat zugleich einen hellen Ueberblick über das
Gebiet des wachen Zustandes. Obgleich die Somnambule beym Erwachen keine Erinnerung mehr an
alles das behält, was in und mit ihr während der
Krise vorgegangen: so weiß sie doch umgekehrt alles
sehr wohl, was während des Wachens jemals geschehen, und sie erinnert sich sehr bestimmt an Vorgänge
einer fernen Vergangenheit, auf die sie sich, während
des gewöhnlich wachen Zustandes auf keine Weise
mehr zu besinnen vermag. Die Seele empfängt bloß
im Somnambulismus, wenn die natürliche Isolation
aufgehoben worden, die Fähigkeit zu dem gewöhnlichen
Kreis der Kräfte, noch einen andern, tiefer liegenden
und im jetzigen Zustande für sie meist verlorenen
Sinn zu gebrauchen, dessen Gesichts und Empfin-
ungs-

dungskreis ein ungleich weiterer ist, als der der gewöhnlichen Sinne, und nur jene höhere Thätigkeitsäußerungen der Krise nur durch eine Erweiterung des geistigen Wirkungskreises möglich gewesen: so verschwinden sie auch sogleich, und können selbst nicht mehr als Erinnerung reproducirt werden, sobald sich jener Kreis wieder in seine gewöhnlichen Grenzen verengert. An dem durch eine dichte Scheidewand in zwey verschiedene Abtheilungen geschiedenen Clavichord, werden die höheren Accorde bloß dann vernommen, wenn die Scheidewand hinweggehoben ist, und der künstlerische Geist, der sonst auf wenige Töne beschränkt ist, auch jene Saiten zu rühren vermag; sobald sich aber die trennende Wand wieder vorschiebt, wird selbst der leise Nachklang jener höheren Accorde unvernehmlich.

Es giebt aber andere, mit dem Somnambulismus nahe verwandte Zustände, während denen jene Isolation eben so wie sonst im Wachen fortdauert. Erst hier zeigt sich mit vorzüglicher Deutlichkeit das Phänomen zweyer ganz von einander geschiedenen, in sich selber wohl zusammenhängenden Individualitäten, die auf eine wunderbare Weise in einer und derselben Person vereint sind. Das Mädchen, dessen Krankheitsgeschichte Er. Darwin *) erzählt, gerieth einen Tag um den andern regelmäßig in einen Zustand, worinnen sie für die gewöhnlichen Sinneseindrücke ihrer

rer

---

*) Zoonomie II, und in Reils Rhapsodien über die Anwendung der psychischen Kurmethode auf Geisteszerrüttungen. S. 81.

rer Umgebung vollkommen unempfindlich, nichts sahe
und hörte, was um sie her vorging. Sie unterhielt
sich dann [zusammenhängend und voll Geist mit ab-
wesenden, von ihr gegenwärtig geglaubten Personen,
declamirte Gedichte, und wenn ihr zuweilen, beym De-
clamiren ein Wort fehlte, half es nichts, wenn ihr
die Umstehenden noch so laut und deutlich einhalfen;
sie mußte das fehlende Wort eben selber finden: wenn
man ihr die Hände hielt, beklagte sie sich ohne zu wissen welche Ursache ihre Bewegungen hemmte, eben
so, wenn die offenen, vor sich hinstarrenden Augen
zugehalten wurden. Wenn sie aus jenem Zustande erwachte, erschrak sie, und wußte nichts mehr von Allem, was mit ihr vorgegangen. Sie war nun, bis
am wechselnden Tage, wo die Träumerey wieder ein-
trat, dieselbe, die sie zuvor gewesen. Nicht ohne einigen Anschein behaupteten die sie besuchenden Freun-
dinnen, sie habe zwey Seelen, welche wechselsweise
aus ihr sprächen. — Auch in dem ganz ähnlichen Falle, welchen Gmelin *) beschreibt, gerieth die Kranke
abwechselnd in einen Zustand, wo sie sich für eine
ganz andere Person, für eine französische Ausgewan-
derte hielt, und sich mit einem erträumten Unglück
abquälte. Sie sprach dann französisch, oder gebrochen, und anfangs sogar mit Schwierigkeit deutsch,
hielt ihre Eltern und anwesenden Freunde für unbekannte Besuchende, die an ihrem unglücklichen loose
Theil nähmen, konnte sich durchaus an nichts erinnern,
was

---

*) Materialien für die Anthropologie I, und Kluge u.
a. O. S. 180.

was auf ihre wache und wahre Perſönlichkeit Beziehung hatte, zeigte aber übrigens eine mehr als gewöhnlich erhöhte Geiſtesthätigkeit. Beym Erwachen
wußte ſie nichts von Allem was ſie in jener erdichteten Perſönlichkeit gethan und geſprochen, wohl aber
erinnerte ſie ſich deutlich an Alles, was ſich in der
ganzen Reihe jener Zuſtände mit ihr zugetragen hatte, ſobald ſie wieder hinein gerieth. Beyde Zuſtände
waren daher in ſich ſelber zuſammenhängend, jeder
einzelne aber mit dem andern außer Zuſammenhang.

Aehnliche Fälle finden ſich häufig von Aerzten
aufgezeichnet *) Unter andern ſind ſich auch die Nachtwandler außer dem Anfall, deſſen nicht bewußt, was
während deſſelben mit ihnen vorging, und können wiederum in dem Anfall, wo ſie ſich deutlich auf Alles
beſinnen, was in ähnlichen Zuſtänden mit ihnen geſchehen, nicht begreifen, daß ſie auch noch zu anderer
Zeit einer andern, wachen Perſönlichkeit genießen. Sie
ſind und glauben ſich im Anfalle eine ganz andere
Perſon als im Wachen und umgekehrt. Ein ſolches
Gefühl ſcheinbar doppelter Perſönlichkeit wird auch
nach langen Krankheiten empfunden, und ſie iſt im
Wahnſinne mit lichten Intervallen und im Traume
wirklich vorhanden. Die Zuſtände unſerer Träume
ſtehen häufig unter einander durch deutliche Rückerinnerung in Zuſammenhang, und wir ſind im Traume
ſelbſt dem Charakter nach öfters eine ganz andere Perſon, als im Wachen, der von Natur Sanftmüthige
iſt

---

*) M. ſ. Reil a. a. O.

ist dann jähzornig und streitsüchtig, der Blöde voll Muthes.

Wir werden alle jene Erscheinungen aus dem Daseyn jenes Doppelsystemes der Nerven, und seiner Trennung begreiflich finden. Es war in jenen Fällen die durchs Gangliensystem wirkende Seelenthätigkeit, welche den von der gewöhnlichen Persönlichkeit getrennten Zustand begründete, und sehr oft, z. B. in dem von Gmelin erzählten Falle, verräth sich der eigenthümliche Charakter des Gangliensystems, durch die Gabe der prophetischen Vorausicht, oder durch die Erscheinungen eines ungewöhnlich geschärften Fern- und Gemein-Gefühls. Wenn die Seele in dem einen Zustand, das Gangliensystem zum Mittelpunkt ihrer Wirksamkeit wählt, sieht sie sich, durch jene natürliche Scheidewand, von den Hülfsmitteln des Cerebralsystems und der Sinne verlassen, und umgekehrt.

Der Traum zeigt uns noch einen dritten, eine Art von Mittelzustand. Wir erinnern uns beym Erwachen lebhafter Träume, und selbst in der Geschichte des Somnambulismus wird bemerkt, daß zuweilen das, was während der Krise geschehen, und was beym Erwachen für die Erinnerung ganz verloren schien, im Traume der nächstfolgenden Nacht sich der Seele von neuem, als Traumbild vorstellt, und als solches auch nach dem Erwachen Erinnerungen zurückläßt. *) So wird der Traum ein vermittelndes Glied zwischen dem

Zu=

---

*) Kluge (nach Nasse) S. 187.

Zustand der Krise und jenem des Wachens, und
bringt als solches die Erscheinungen des ersteren zu
dem wachen Bewußtseyn.

Es geschieht jene Verknüpfung eines großen
Theiles unserer Träume mit dem wachen Zustand
vorzüglich durch jenen Nerven, der unter allen am
meisten den Vermittler zwischen beyden Systemen bildet den Stimmnerven. Dieser, nachdem er schon
früher den Charakter und die Funktion des Gangliensystems an sich genommen, wird zuletzt ein Hauptnerve
der Leber, jenes merkwürdigen Organes, das sich von
dem ersten Beginnen des Lebens an in allen Prozessen
der materiellen Bildung und Gerinnung des Organismus ganz vorzüglich thätig zeigt. Die Leber, in deren Gegend bey verschiedenen Stellungen des Körpers,
unter andern beym Liegen der Schwerpunkt unsers Leibes fällt, stellt diesen Schwerpunkt auch in anderen
Beziehungen dar, und sie, die Hauptquelle der materiellen Bildung, bindet uns vorzüglich an die Materie, an Orts- und Raumverhältnisse fest. Ich habe auf diese Function der Leber schon anderwärts aufmerksam gemacht und unter andern gezeigt, daß sie
es ist, welche bey bedeutenden Veränderungen des
Wohnortes am meisten leidet. *) Jene Europäer, welche ihren Welttheil mit einem andern vertauschen,
sind hierbey vorzüglich Leberkrankheiten ausgesetzt und
die Seekrankheit scheint auch vorzüglich in einer krankhaften Affection der gallenabsondernden Organe zu
beste-

---

*) A. a. O. Pag. 253.

beſtehen. Alle ſchaukelnden und jähen Bewegungen wirken vorzüglich auf dieſen natürlichen Schwerpunkt —
auf die Leber, und bey der Wichtigkeit dieſes Organes für das Geſchäft materieller Bildung, wird es begreiflich: warum nach neueren Entdeckungen, die öfters
und regelmäßig wiederholte ſchaukelnde Bewegung ſo
wohlthätig zur Heilung der Auszehrung und anderer
Krankheiten wirkt, welche aus einer Störung des vegetativen Lebensprozeſſes hervorgehen. *) Die Leber,
(Quelle des bittern Prinzips) iſt aber auch der Sitz
aller jener Leidenſchaften, deren Bewegungen ſich am
ſchwerſten verbergen laſſen, die am leichteſten jene wohlthätige Scheidewand durchbrechen, und zur Sprache kommen, unter andern des Zornes, Haſſes,
Neides, des Hochmuths. Sie iſt auch ganz vorzüglich bey jenem Wahnſinne geſchäftig, welcher aus
dieſem Gebiet bald materiell bald geiſtig ſich äußern-
der Leidenſchaften **) hervorgeht, und aus dieſem
Grunde zeigt ſich die Schaukel auch zur Heilung des
Wahnſinnes, der Epilepſie u. a. ſo vorzüglich wohlthätig. ***) Die ganze Region des Gangliensyſtems,
welche auf die Leber Beziehung hat, ſtehet durch den

in

---

*) Smyths, führt vierzehn Fälle an, wo Lungenſucht und
Hektik durch fortgeſetzte Anwendung der Schaukel ge-
heilt wurden. M. ſ. Cox practiſche Bemerkung über
Geiſteszerrüttungen, Ueberſetzung. S. 180.

**) Man erlaube einſtweilen dieſe Unterſcheidung.

***) Cox, praktiſche Bemerkungen über Geiſteszerrüttun-
gen, von Seite 158 an.

in jenem Organe mehr vorherrschenden Stimmnerven
in genauerer Verknüpfung mit dem Gehirn und dem
Bewußtseyn, während schon in dem coliakischen Kno-
ten und im Magen die Nerven des eigentlichen Gangliensystemes ungleich vorherrschender werden.

Wir finden daß im Schlafe jede Veränderung
der Lage, wodurch die Leber aus der beim Liegen an-
gemessensten Stellung kommt, Einfluß auf die Art
und Lebhaftigkeit unsrer Träume habe. Bey dem Erwachen aus besonders schweren und lebhaften Träumen, zeigt uns ein eigenthümliches unangenehmes Gefühl in der Gegend der Leber, den Ursprung jener
Erscheinungen an, ein leichteres Geschäft der Verdauung bringet einen gesunden, ruhigeren Schlaf mit
sich, während Störungen und Erschwerungen jenes
Geschäftes, gewöhnlich einen von Traumbildern un-
terbrochenen Schlaf zur Folge haben.

Ueberhaupt erkannten wir in den Funktionen des
Gangliensystemes, eine in materieller Bildung befangene (verlarvte) geistige Thätigkeit. Wie die Säure,
die vorher heftig brennend auf die Organe des Ge-
schmackes und des äußeren Gefühls einwirkte, wenn
sie mit der Kalkerde zu Gyps verbunden worden, nun
auf einmal jene Eigenschaften ganz verloren zu haben
scheint, wie diese aber sogleich wieder aus ihrer Verlarvung hervortreten, wenn die Säure von ihrem
Materiale geschieden wird; so erscheint auch jene geistige Thätigkeit, jene werkthätige Seele, sogleich wieder als das was sie ursprünglich ist, wenn sie in dem
gewöhnlichen Geschäft des materiellen Bildens, un-

ter

ter welchem sich ihre eigentliche Natur verbirgt, gestört wird. Jener Mörder, den ein wohlthätiger Richterspruch an den Karren schmiedet, scheint, so lange
er hier den ganzen Tag mit Arbeiten zubringt, und
des Nachts tief ermüdet schläft, das nicht was er ist,
seine blutdürstige Natur verbirgt sich hinter dem ge-
zwungenen Geschäfte, aber sobald ihn Don Quichote
oder ein frommer Gilpin von den Ketten losmacht,
wird er sich in seiner eigentlichen Gestalt zeigen, wie
der halbverhungerte Wollüstling bey besserer Pflege
gar bald wieder das wird, was er gewesen.

Nicht bloß jede Störung im Verdauungsgeschäft
erzeugt uns im Schlafe unruhige, bilderreiche Träume,
sondern es ist bekannt, daß eine schnell unterbrochene
Milchabsonderung, eine auf einmal sich aufgebende
Wassersucht, ein zur Unzeit unterdrückter Ausschlag
öfters sogleich Wahnsinn erzeugen, eben so wie umgekehrt Wahnsinn durch künstlich erregte Geschwüre und
andere materielle Beschäftigungen des Bildungstriebes
auch gehoben wird. Wie oft gehet eine tiefe Melancholie aus einer Unterdrückung oder dem zu langen
Ausbleiben der monatlichen Reinigung, tiefe Neigung
zum Selbstmord, aus einer Störung des vegetativen
Lebens durch Onanie und andere Ausschweifungen oder
auch aus andern krankhaften körperlichen Stimmun-
gen; *) eine an Wahnsinn gränzende Hypochondrie
aus einer Erschwerung und Hemmung des Verdau-
ungs-

---

*) So haben die am Pellagra leidenden Personen eine
fast unwiderstehliche Lust sich ins Wasser zu stürzen.

unsgeschäftes hervor! Hier wird uns die Zwangsweste der gewöhnlichen psychologischen Systeme ein wenig
zu enge, und der crasseste Materialismus der Aerzte,
tritt da öfters der Wahrheit viel näher! Die ersteren lehren uns wenigstens nicht wie so oft ein Brechmittel, *) etwas Arsenik, **) eine starke Verletzung,
auf deren Heilung die werkthätige Seele wieder ihre
ganze Kraft wenden muß, ***) natürliche Blattern,
Ausschlag, oder künstlich erregte Geschwüre, *a) die
Schaukel *b) ja selbst eine bessere, stärkende, den Magen und seine Thätigkeit mehr in Anspruch nehmen-
de Kost *c) eine wiederhergestellte Leibesöffnung, mo-
natliche Reinigung oder Milchabsonderung, oft ein
einziger art fluch - magnetischer Strich vom Haupte
abwärts, *d) fast auf der Stelle die verlorene Vernunft wieder herstellen, Blutigel, von Visionen heilen; wie dagegen umgekehrt, Veränderung der Kost
oder selbst der Witterung den Charakter ändern, ein
Stückchen zufällig verschlucktes Leder, das den Magen
belästigt, der Genuß eines mit etwas Kochsalz versetz-
ten Weines, *e) ein wenig Stechapfelsamen oder ähnlich

---

*) Cox, über Geisteszerrüttungen, Uebersetzung S. 119.

**) Ebend. S. 154.

***) Ebendas. S. 113, 115 u. a.

*a) Seite 157—209, 210—211.

*b) 158.

*c) 108.

*d) Reil,' S. 141.

*e) Reil u. a. O. 380.

liche Substanzen, bey manchen Personen die bloße
Entfernung des Lichts, oder eine Augenkrankheit, *)
bey andern das Hinausgehen aus der gewöhnlichen
Umgebung **) selbst die nüchternste Besonnenheit zur
Narrheit machen. Jene siebenzigjährige Alte, die
an einer Verstopfung litt, welche anderer Umstände
wegen nur an jedem sechsten. Tage künstlich gehoben
werden konnte, war jetesmal in den ersten Tagen
nach der Oeffnung ganz verständig, sich ihrer ganz
bewußt, darauf trat eine Zeit ein, wo sie sich nur
noch der vergnügtesten Periode ihres Lebens, der Jahre der ersten Liebe, zwischen zwanzig und dreyßig erinnerte, dann erloschen auch diese Erinnerungen, sie
war im tiefen Blödsinn sich ihrer nicht mehr bewußt,
fragte nur noch zuweilen nach den ersten Pflegern ihrer Kindheit, nach ihren verstorbenen Eltern. ***)
Selbst bey den Anfällen jener fürchterlichen Mordlust,
die mit Bewußtseyn verbunden, dennoch zu den Ab-
arten des gewöhnlichen Wahnsinnes gehört, fühlt der
geistig Kranke vor dem Anfalle ein Brennen in der
Gegend des größten Gangliengeflechtes am Magen,
hierauf einen wilden Andrang des Blutes nach dem
Kopfe, und nun hat er noch kaum Zeit die geliebten
Personen, die ihn umgeben, zur schnellsten Flucht zu
ermahnen, wodurch sie allein den Ausbrüchen seiner
Mordwuth entgehen können. *a)

In

---

*) Reil, S. 170 — 172.
**) Cox, Seite 124 in der Note.
***) Reil, S. 96.
*a) Reils Rhapsodien, Seite 391 und 392.

In der That ift es nicht gerade die glänzendfte
und befte Seite, fondern vielmehr die partie hon-
teufe unfers armen zerlumpten Selbft, die hier neben uns, als werkthätige (bildende) Secle an den
Karren gefchmiedet ift. Wir lernen fie nur zu gut
kennen, fobald fie, wenn auch nur auf einzelne Augenblicke, aus ihren Ketten losgelaffen wird *) Ich
erfchrecke, wenn ich diefe Schattenfeite meines Selbft
einmal im Traume in ihrer eigentlichen Geftalt er-
blicke! Selbft im Zuftande des bloßen Nachtwandelns
zeigen fich, fonft gleichgültige Naturen zu Mordtha-
ten und Verletzungen, felbft der Geliebteften geneigt,
und müffen fchon deßhalb forgfältig bewacht werden. **) Ein fonft ftiller, gleichgültiger Junge, den
ich in den erften Monaten meiner Praxis an einer
Art von Veitstanz zu behandeln hatte, war, fobald
der Anfall kam, wie von einem boshaften Teufel be-
feffen. Die Augen blickten wild und tuckifch, dabey
lachte er entfetzlich behaglich, als wenns ihm bey fei-
nen tanzenden Bewegungen ganz befonders wohl wäre.
Jetzt mußten alle Meffer u. dgl. entfernt werden, auf
die hinterliftigfte Weife fuchte er die Umftehenden zu
verletzen, und wenn er nichts anders haben konnte,

ver-

---

*) Bey dem Raubthiere ift fie weniger durch die Mate-
rie gebunden, als im maffiven Pflanzen freffenden
Thiere, beym Cholericus weniger, als beym Phlegma-
ticus, ohne daß diefer um ein Haar beffer wäre als
diefer.

**) Nudows Theorie des Schlafes.

versteckte er wenigstens eine Nadel unter eine Blume,
womit er seinen kleinen Bruder, als wenn er ihn
wollte an die Blume riechen lassen, listig tückisch
stach. In den meisten Fällen findet sich mit dem
Wahnsinn, wenn er nicht zu sehr an dumpfen Blödsinn oder an fade, tändelnde Narrheit gränzt, ein
auffallender Geist der Zerstörung, Mordsucht und der
Lüge verbunden. *) Selbst übrigens gutartig scheinende Narren pflegen gern Feuer anzulegen, oder auf
eine boshafte Weise zu necken. **) Wahnsinnigen
von höherem Grade, ist in keinem Augenblicke zu trau-
en, nicht selten wissen sie ihre Mordlust hinter eine
angenommene Zärtlichkeit und Freundlichkeit zu verbergen, und diese thierische Lust am Zerfleischen und
Morden, im Gewande zärtlicher Zuneigung, hat man
vorzüglich bey Solchen wahrgenommen, deren Vernunft durch entsetzliche thierische Wollust zerstört war,
***) wie denn auch schon im natürlichen Zustande
Wollust nur eine Maske ist, hinter der sich Zerstö-
rungs und Mordlust verbirgt. Auch bey scheinbar
Wiedergenesenen kehrt mit dem Nachhall des Wahnsinnes zugleich die diesem eigenthümliche Mordlust wieder

---

*) R e i l, u. a. O. 308 — 358, 359, 372 — 376.

**) Neigung zum Feuer anlegen, vorzüglich da wo sich
Dumpfsinn und Cretinismus zum Wahnsinn gesellen.
R e i l u. a. O. 425.

***) S p i e ß, Biographien der Wahnsinnigen, B. 3. —
das Hospital der Wahnsinnigen zu P. — Geschichte
des heimtückischen Rasenden.

der und nur zu oft sind zu früh entlassene Wahnsinnige auf diese Weise Vater= und Muttermörder geworden. *)

Wenn jener Mordlust des Wahnsinnes jeder andere Gegenstand geraubt ist, pflegt sie ihre Wuth an sich selber auszulassen, und Wahnsinnige haben sich nicht nur öfters verstümmelt und Glieder abgehauen, sondern zuweilen mit recht ausgesuchter Grausamkeit das Fleisch von den Händen und Fingern abgebissen. **) Eine dumpfe Grausamkeit gegen den eigenen Körper ist selbst noch in den tiefesten Graden des Blödsinns wahr genommen worden. ***)

Bewundernswürdig ist oft die List und Feinheit, mit welcher vollkommen Wahnsinnige sich zu verstellen und eine ganz erdichtete, wohl zusammenhängende Geschichte als ihre eigene zu erzählen wissen. Jener Wahnsinnige des Gregory wußte seine Freunde und einige Magistratspersonen durch eine ganz erdichtete Geschichte so einzunehmen, daß sie sogleich beschlossen, ihn aus seiner Zwangsweste los zu machen und kaum dem gegenwärtigen Arzt so viel Zeit ließen zu entfliehen. Jene hatten nur zu bald Gelegenheit ihre Voreile zu bereuen, der Wahnsinnige brachte sie alle in Lebensgefahr. Auch die Stürmer der Bastille

*)

---

*) Reil, a. a. O. 374.

**) Reil, a. a. O. S. 35.

***) Derselbe S. 407.

*) ließen sich durch die sanften und vernünftig schel-
nenden Lügen eines solchen Wahnsinnigen einnehmen,
lernten aber ihren Irrthum sogleich bereuen, als sich
der eben von den Ketten losgelassene Wahnsinnige
eines fremden Mordgewehres bemächtigte, und seine
Befreyer in größte Gefahr stürzte. Wahnsinnige,
welche eine ganz erlogene Lebensgeschichte für ihre eigene hielten, sind in der Geschichte jener Krankheit
nichts Seltenes, **) und schon die Erzeugungen des
Gangliensystemes im Traume, gründen sich zum Theil
auf Täuschung und Lüge.

Schon früher erwähnten wir einer Art von Tob-
sucht, wo sich die Zerstörungs- und Mordlust des
Wahnsinnes ganz mit gesund scheinendem Bewußtseyn zusammen findet. Hier gränzen der höchste Grad wilder Leidenschaft und eigentlicher Wahnsinn nahe zusammen. Jener Bauer, der gewöhnlich ganz vernünftig sprach, und keine Spur von Unvernunft verrieth,
entlief aus dem Tollhause, kam in seine Heimath wie
ein ganz Widergenesener, Vernünftiger, ermordete
aber noch an demselben Abend, nachdem er sich durch
Kartenspiel erhitzt, mit wohl überlegtem Vorsatze seine Frau und Kinder. *a) Bey ihm war jene unwi-
der

---

*a) R e i l, a. a. O. 395.

**) Bey S p i e ß a. a. O. Mehrere, unter andern die
Esther L. im 2ten Bande. — Andere Beyspiele bey
R e i l und Cox, u. a. der schon erwähnte Fall, Cox
S. 222.

*) R e i l, 391.

derstehliche Luſt zum Morden nach und nach aus einem niemals durch gute Vorſäße unterdrückten Hang zum Jähzorn entſtanden. Dagegen hatte eine gewiſſe nun verſtorbene Dame, deren Geſchichte mir wohl bekannt iſt, ſo lange ſie unverheirathet war, unter die Empfindſamen ihrer Zeit gehört, und dennoch warf ſie, aus unglaublicher Verkehrtheit, auf ihren eigenen erſtgebornen Sohn, einen ſolchen Haß, daß ſie ihn mehr als einmal mit ganz kühlem Vorſaße ermorden wollte, bis man ihn zuletzt mit Gewalt der täglichen Grauſamkeit ſeiner Mutter entriß, und in fremde Hände gab. Der Vorwand jenes unnatürlichen Haſſes war: daß das Kind ihrem ſchlimmſten Feinde ähnlich ſey, und ich will nicht unterſuchen, von welcher andern (unrechtmäßigen) Leidenſchaft jene unnatürliche die Folge war. Aehnliche Geſchichten haben uns die Aerzte mehrere aufbewahrt. *)

Je-

---

*) In den Zuſtänden des Somnambulismus beobachtet man häufig, daß die Kranken einen lebhaften Widerwillen gerade gegen jene Perſonen äußern, die ihnen ſonſt die nächſten und liebſten ſind. Auch in der Melancholie und im Wahnſinn iſt gerade dieſe Verkehrtheit recht häufig. Die Geſchichte eines wohlüberlegten Mordes, den eine, übrigens vernünftig ſcheinende Schwangere an ihrem Mann beging, zu deſſen Fleiſch ſie einen unwiderſtehlichen Appetit bekommen, ſteht bey Reil S. 394. Die Unglückliche ſalzte noch das Fleiſch des Ermordeten ein, um recht lange daran zu haben. Auch ſolche Beobachtungen erinnern an den Schwedenborgiſchen Satz, daß in jener Welt wollüſtige Liebe ſich in Luſt ſich gegenſeitig u morden ver-

Jene eigenthümliche Natur des an uns ange=
schmiedeten Galeerensclaven, wird besonders aus der
Weise erkannt, auf welche der Wahnsinn erzeugt
wird. Dieser Zustand bestehet überhaupt in jener
Umkehrung des natürlichen Verhältnisses, wodurch die
bildende Seelenthätigkeit, ihr gewöhnliches Geschäft
versäumend, sich auf psychische Weise äußert, und wo
nun die ganze Kraft des geistigen Organismus, auf
jenes unnatürliche Geschäft concentrirt, und die Thä=
tigkeit des Cerebralsystems verdunkelt wird. Ein Vor=
herrschen der Ganglienseelenthätigkeit über das höhere
Seelenvermögen, entsteht zuweilen auf negative Wei=
se, dadurch, daß das höhere Organ durch Krankheit
gezwungen, oder durch eigene willführliche Schuld
seine natürliche Oberherrschaft verliert, häufiger je=
doch auf positive Weise, entweder dadurch daß die in
materieller Bildung befangene Seelenthätigkeit, in ih=
rem gewöhnlichen Geschäfte gestört, aus ihren Ban=
den frey wird, und sich, als der bey den Meisten
stärkere Theil zum Herrscher aufwirft, oder dadurch
daß die Schlummernde durch verwandte, begünstigen=
de Einflüsse geweckt, genährt wird.

In einem Saitenspiel pflegt ein äußerer lauter
Ton den Nachhall der gleichgestimmten Saiten zu er=
wecken. Die Leidenschaften und das ganze Gefolge
unserer Neigungen und Abneigungen, der Begierde
                                                    und

---

wandle, und an die schon längst anerkannte' Ver=
wandschaft der Wollust (Fleischeslust) und
Mordlust.

und des Haſſes, die ganze Region der Gefühle, haben ihren Wirkungskreis und Urſprung im Ganglienſyſtem, wirken belebend oder zerſtörend auf dieſes ein. Wie in ſchon wiedergeneſenen Wahnſinnigen, die alte Tollheit durch den Anblick fremder Raſerey wieder aufwacht, wie jede ſchlummernde Anlage durch die Aeußerungen eines verwandten Vermögens geweckt wird; ſo wacht auch jene untergeordnete Seelenthätigkeit auf, und verläßt ihren bisherigen Kreis, ſobald ſie den Ton der mit ihrer eigenen Natur verwandten Leidenſchaft vernimmt. Die meiſten Wahnſinnigen verloren den Gebrauch ihrer Vernunft durch Leidenſchaften. Jähzorn, Haß, heftiger Geiz, übermäßige Zerſtreuungeſucht, wilde Begierde und heftige Zuneigung, jedes Firiren der Seele auf einen ihrem eigentlichen Bedürfniß unangemeſſenen Gegenſtand; unter allen Leidenſchaften am meiſten aber der Hochmuth, und der vielleicht ſchon bey einer ſchlechten Erziehung nie gebrochene Wille, *) erregen Wahnſinn. Wenn man die genauer bekannt gewordenen Fälle des ſogenannten religiöſen Wahnſinnes, der religiöſen Melancholie durchgeht, wird man meiſtens finden, daß jenem Zuſtand Hochmuth und Erhebung ſeiner Selbſt über Andere, vorhergegangen. Selbſtgeſtändniſſe lehren, daß jene Unglücklichen ſich vor dem Ausbruche ihres Leidens, häufig für die Heiligſten und Beſten gehalten unter allen die ſie umgaben, und daß ſie erſt von dieſer falſchen Höhe herab in wahnſinnige Selbſtverdammung verſanken. **)

Selbſt

---

*) Reil, u. a. O. S. 390.
**) Religiös Wahnſinnige, voll Dünkel. Cor S. 78 — Auch vor der gemeinen religiöſen Schwermuth

Selbst jener Wahnsinnige, dessen Geschichte bey **Cox**
die neunzehnte ist, scheint in seiner finstern religiösen
Rechtlichkeit, Selbstheiligung in strenger Erfüllung äußerer Gesetze gesucht zu haben. — Oder ein
übermüthiger, grübelnder Verstand, glaubte sich zum
Ergründen religiöser Geheimnisse berufen, und fand
hier seinen Untergang. Indeß ist bey einigen jener
Unglücklichen der körperliche, unwillkührliche Ursprung
ihres Leidens unverkennbar. Diesen religiös Wahnsinnigen bleibt dann, als Ausnahme von der oben
erwähnten Regel, auch mitten in ihrem Wahnsinne
nach **Cox** eigenen Worten: ein hohes Ehrgefühl und
eine heilige Scheu gegen Wahrheit, wie dieß der erste
von ihm erzählte Fall bewiesen.

Wenn der Grundton jener untergeordneten, in
materieller Bildung befangenen Thätigkeit, welche am
leichtesten durch Leidenschaften erweckt wird, Hochmuth
ist, so könnte man mit einem älteren theosophischen
Ausdruck das Versinken einer Thätigkeit, die an sich
höherer, geistiger Natur ist, in ein bewußtloses materielles Bilden, aus Hochmuth herleiten, und jenen
Gefangenen als einen Verbrecher betrachten, der sich
durch Hochmuth vergangen, und der nun, auf eine
für ihn selber, sobald er nur will, höchst wohlthätige
Weise

---

geht gemeiniglich ein Zustand vorher, wo die Leidenden sich für besser halten als andere Menschen, und
und Verzweiflung folgt auf Uebermuth. M. s. Ar-
nolds Leben der Gläubigen. Seite 842.

Weise, sein Vergehen abbüßt. Seiner ursprünglichen Kräfte beraubt, oder wenigstens unfähig sich ihrer zu bedienen, lernt er hier, der Region des sinnlichen Erkennens und ihrem Willen untergeordnet, gehorchen, und den etwa, auch noch in seiner jetzigen Lage sich regenden Hochmuth, wenn ihm seine Ketten zu leicht werden, erstickt der alte Richterspruch: Im Schweiße deines Angesichts sollst du dein Brod essen.

Da gerade jene Anlage des ursprünglichen Menschen sich durch Hochmuth vergangen, welche zum Gehorchen bestimmt war, indem sie (nach dem Folgenden) das Organ seyn sollte, durch welches das Wort der höheren Region zu dem Menschen gelangte; so wird, eben in jenem Dienste, zu welchem sie sich durch eigene Neigung erniedrigt, das ursprüngliche Verhältniß am leichtesten hergestellt, die Materie und die dunkle Region der Körperwelt, wird zu einer Correctionsanstalt, aus welcher Jeder, welcher die dargebotenen Mittel nur einigermaßen benutzt, gewiß als genesen hinweggeht. Aber jene Mittel sind dem noch in uns wohnenden Rest des alten Hochmuths bitter, er ahndet mit Recht in ihnen seinen Tod, und der Wahnsinnige selber, der sich in dem Gefühle seines Wahnes wohl befindet, wendet die letzten Spuren von Vernunft nur dazu an, alle Bemühungen zu seiner Heilung unwirksam zu machen. *) Die Hülle, hinter welcher sich der Abgrund verbirgt, das grüne

*) Reil, an verschiedenen Orten.

grüne Laub, welches nicht, wie ein oberflächlicher Anblick wähnte, von einem unschuldigen Zephir, sondern
von der unter ihm liegenden Schlange bewegt wurde,
die nur die über ihn liegende Decke noch unschädlich
machte, wird dann auf einmal hinweggenommen, und
der Mörder in uns, jene Furien, deren Geheul uns
Bedlam in dem Kettengeraffel seiner Wahnsinnigen
nur von fern hören läßt, stehen losgelassen und durch
unsere Pflege stark geworden da, und kehren
dann zuerst ihre Waffen gegen den, der sie hegte
und groß gezogen. Eine Bußpredigt aus dem
Tollhause!

O du Unerkannter und doch herzlich Geliebter!
laß doch meinen Mörder, der noch hier bey mir an-
geschmiedet sitzet, nicht eher los, bis er erst durch
D i c h besser geworden!

Wir wollen die Prinzipien jener göttlichen Correctionsanstalt im folgenden Abschnitte etwas näher
betrachten. Eine nähere Auseinandersetzung der physischen Eigenschaften des Ganglienſyſtemes, wird uns
hierzu den Weg bahnen.

Das Ganglienſyſtem hat im lebendigen Organismus das Amt der körperlichen Bildung und Gestal-
tung. Sein Geschäft ist: die schon vorhandene Materie zu zerstören, (daher in der Sprache und im Mythus Hunger und Tod ein Wort) und ihre bildenden
Prinzipien sich selber zuzueignen. Freylich ist dieser
Helmontische Alchymist, — die Magenseele — über
dem Forschen nach dem Stein der Weisen, blind,
und zum Narren geworden. In jenes unterirdische
Ge-

Gefängniß fällt von oben gerade so viel Licht hinein, als sie zu ihrem Geschäfte braucht, nur daß ims die Scheidewand hindert, jene Strahlen wahrzunehmen!

Jene Thierwelt, die wir in einem früheren Abschnitte, als vor dem jetzigen Menschen entstanden, annahmen, das Reich der Mollusken, ist ohne ein eigentliches Cerebralsystem, lebt bloß durch das der Ganglien. Diesen Thieren fehlten zum Theil mit dem Kopfe zugleich, alle Sinnesorgane, sie sind bloß Rumpf, und dennoch erkennen sie Alles, was mit dem Kreise ihrer Lebensbedürfnisse in Beziehung steht, sind sogar noch zu gewissen Aeußerungen des Kunsttriebes und der List fähig, eben so wie der Nachtwandler und die Somnambüle mit krampfhaft geschlossenen und verbundenen Augen dennoch sehen, mit verschlossenem Ohre dennoch hören, weil ihnen ein ganz neuer Sinn im Gangliensystem eröffnet worden. Bey jener Thierwelt, die wir früher als die jüngste anerkannten, bey den Insecten, ist auch ein bloßes Ganglionsystem vorhanden, das aber hier ganz in die Rechte des Cerebralsystems getreten ist. Auch diese Thiere sind, wenigstens während ihres Larvenzustandes, zum Theil ohne Sinnesorgane, und verrathen dennoch einen ungewöhnlich scharfen Sinn für die äußere Umgebung. Bey ihnen stellt sich überhaupt die Ganglienthätigkeit ganz vorzüglich als bildender Trieb dar, in jenen Kunstwerken, welche außer dem Körper zur Bedeckung und Erhaltung desselben aufgeführt werden, und in einer eben solchen genauen physiologischen Beziehung auf die Bedürfnisse desselben stehen, eben so zu dem Kreise desselben gehören,

als

als z. B. die Haare und Häute, welche der Organismus des vollkommneren Thieres in seinen eigenen
Gränzen bildet. Auch die künstliche Mauerbiene, wenn
sie der noch ungebornen Brut ihr Gehäuse baut, thut
hiermit nichts anders, als der bildende Trieb in dem
vollkommneren Mutterthier, wenn er die die Frucht
umgebenden Häute und ernährenden Theile innerlich
bauet. Dennoch zeigen die äußeren Erzeugungen des
Insectenreiches, noch mehr aber gewisse Erscheinungen
der höheren Region, unter andern die des thierischen
Magnetismus, daß jene bildende Kraft ursprünglich
nicht auf den engen Kreis des materiellen Organismus beschränkt sey, sondern auch über denselben hinaus zu wirken vermöge.

Unter andern geht aus dem Gangliersystem das
ganze Gebiet der Sympathien und jener gleichsam
magischen Wirkungen der Natur hervor, die sich aus
keinem Gesetz der bloß mechanischen Berührungen erklären lassen. Gewisse Thätigkeiten und Erscheinungsformen der sonst untergeordneten Natur, lassen sich
selbst noch der menschlichen Natur — mittelst des
Gangliensystems mittheilen und gleichsam einimpfen.
Wenn der Biß eines tollen Hundes zuletzt jenen fürchterlichen Zustand erregt, wo der Kranke, bey übrigens
noch andauerndem Bewußtseyn, den unwiderstehlichen
Trieb der Hundenatur fühlt, zu beißen, und seine
umstehenden Freunde ängstlich bittet ihn festzubinden,
damit er sie nicht beissen könne, so zeigt sich hier das
Gangliensystem eines wirklichen Einimpfens der Hundenatur fähig. Jener Sohn des großen Condé erfuhr
diese Einimpfung auf eine mehr psychische Weise. Er

9)   glaubte

glaubte täglich zu gewissen Zeiten in einen Hund verwandelt zu seyn, und fühlte sich dann unwiderstehlich
dazu gedrungen, wie ein Hund zu bellen. Selbst die
Gegenwart des Monarchen konnte ihn nicht verhindern,
wenn der Anfall kam, wenigstens zum Fenster hinaus
die stumme Pantomime des Bellens zu machen. Auch
jene Klosterfräulein pflegten, in einer ähnlichen Verwandlung, täglich eine Stunde lang wie die Katzen
zu heulen *) und solcher Fälle finden sich viele aufgezeichnet. Die sogenannten Dämonischen lassen in ihrer
Raserey nicht bloß die verschiedenartigsten Stimmen
von Raubthieren (Bärengebrüll, Wolfs- und Katzen-
heul) hören, sondern wissen auch in anderer Hinsicht
die Natur jener Thiere auf eine fürchterliche Weise
täuschend nachzuahmen. **) Hier ist es, wo die lehren des alten Systems der Metempsychose nicht ganz
ohne Sinn erscheinen, und vom Throne herab wird
zum Thiere jener hochmüthige Nebucadnezar.

Auf eine andere, mehr materielle Weise, zeigt
sich jene weibliche Empfänglichkeit und Erzeugungs-
fähigkeit des Gangliensystems in der Geschichte der
ansteckenden Stoffe. So lange jenes System in seinem gewöhnlichen Kreise bleibt, ist es fähig, fremde
Krankheitsformen in sich aufzunehmen und auszubilden,
jene

---

*) Reil, a. a. O. 296 u. 339. Wahnsinnige, die sich
in Hunde oder Wölfe verwandelt glaubten, und als
solche heulten S. 356.

**) Historie der Wiedergebornen. Band II. S. 56.

jene Fähigkeit verliert sich aber, wenn es den Kreis
seiner materiellen Produktionen verläßt, und psychisch
wirkt, weshalb schon Wahnsinnige keiner Ansteckung
mehr ausgesetzt sind, mitten unter vergifteten Pest-
und Fieberkranken, mitten unter dem Aushauch anderer Seuchen unangetastet bleiben.

Der Kreis jener Empfänglichkeit zeigt sich im
sogenannten thierischen Magnetismus noch mehr erweitert. Die Zustände desselben werden in der Regel
zwar leichter hervorgerufen, wenn der lebenskräftige
Magnetiseur an dem Körper der Kranken vom Haupte abwärts nach den unteren Theilen streicht, sie erfolgen jedoch auch bey einem umgekehrten Streichen,
beym bloßen Anhauchen, bey der Berührung der
Hände, oder des bloßen Daumens der Kranken, ja
durch die Wirkung des Willens aus der Ferne. Es
erfolgen jene Zustände, auch ohne Zuthun des Magnetiseurs, nach Gemüthsbewegungen und allen Ein-
flüssen, wodurch die Thätigkeit des Gangliensystems
sehr aufgeregt wird. Wie nämlich jene Eindrücke,
welche auf den wachen Kreis der Sinne geschehen, sämmtlich in Einem gemeinschaftlichen Punkte
— im Gehirn versammelt werden, die Eindrücke aufs
Gesicht oder aufs Gehör eben so gut als jene auf die
Fingerspitzen, so haben auch alle jene Lebenseinflüsse,
welche auf das schaffende, bildende Vermögen in uns
vermehrend oder schwächend einwirken, ihren gemeinschaftlichen Sammelplatz in der Mitte des Gangliensystemes, sie mögen nun auf einen Theil oder in einer Richtung wirken in welcher sie wollen. Auf diese
Weise wird ein der Krise ähnlicher Zustand durch
vers

verschiedene Urſachen, z. B. das Ausbleiben der monatlichen Blutungen, ja nach einzelnen Erfahrungen
durch Galvanismus *) u. a. erregt und bey gewiſſen
ſehr reitzbaren Naturen, bringet ſelbſt die Näße einer
Katze oder anderer Raubthiere, ſo wie die Näße gif-
tiger Schlangen, die ſich im Schlafgemach verſteckt haben, convulſiviſche Zufälle hervor, welche jenen der
Kriſe gleichen.

Endlich ſo zeigt ſich jene Eigenſchaft des Ganglienſyſtemes noch vorzüglich im Prozeß der weiblichen
Zeugung und Ausbildung der Frucht, und es iſt auch
hier, vornehmlich beym Weibe, das innerlich geworden, was urſprünglich mehr äußerlich — ein Werk,
nicht des bewußtloſen Bildungstriebes, ſondern des
erkennenden Wortes ſeyn ſollte. Wenn jenem bildenden Vermögen in uns einſt die äußere Natur Material und eben ſo gut zu ihm gehöriges, eigenthümliches Organ geweſen, als es ihm jetzt die Theile des
Leibes ſind; ſo ſieht ſich dagegen in dem jetzigen Zuſtande jenes Vermögen bloß auf die engen Grenzen
des Ganglienſyſtemes beſchränkt.

In der That, dieſes Syſtem, durch deſſen Wirkſamkeit wir vorzüglich an die Materie gebunden, mit
ihr vereint ſind, pflegt uns noch in dem jetzigen Zuſtande einen Sinn offen zu laſſen, welcher uns, über
alle Beſchränkung des Raumes hinüber, ungehindert
von den Banden der Schwere und der Körperlichkeit,

die

---

*) Hagenbuſch und Gruber, bey Kluge, S. 173.

die lebendigen Einflüsse einer fernen und nahen, gei=
stigen und körperlichen Welt zuführt. In dem Kreise
des täglichen Bedürfnisses, scheint das Gefühl für
Wärme und Kälte dem Gangliensysteme vorzüglich
zuzukommen, so wie die Erscheinungen des sogenann=
ten Gemeingefühles, z. B. das Bemerken eines na=
hen Gegenstandes im Dunklen, das kitzelnde Gefühl
auf der Haut eines Schlafenden, wenn sich ihm ein
Anderer mit der Hand nähert, die Erscheinungen der
Sympathie und Antipathie. *) In gewissen körper=
lichen Zuständen zeigt sich selbst noch beym Menschen,
der Wirkungskreis jenes Sinnes so erweitert, daß be=
vorstehende Witterungsveränderungen, ziemlich ferne
Metalle oder Wassermassen, Feuersbrünste und ähn=
liche Begebenheiten in einer ziemlich großen Ferne
wahrgenommen werden. **) Auffallender als irgend=
wo zeigt sich jenes, nicht vom Cerebral= sondern aus=
schließend vom Gangliensystem abhängende Ferngefühl
in dem Zustande des magnetischen Hellsehens Jene
Schranken, welche die Körperlichkeit zwischen zwey
verschiedenen Individuen feststellet, sind in diesem Zu=
stande aufgehoben, die Seele jener innerlich Eröfne=
ten, wird mit der Seele des Magnetiseurs Eine und
dieselbe, sie weiß nicht bloß alle seine Gedanken, ließt
in seiner Seele Alles, was ihn bekümmert und er=
freut,

---

*) Ein sehr merkwürdiges Beyspiel von Sympathie bey
    Kluge a. a. O. S. 304, und ähnliche bey demselben
    noch anderwärts!

**) Ausgezeichnetes Ferngefühl einer Taubstummen, bey
    Kluge, nach Rahn, S. 295.

freut, sondern sie nimmt auch unwillkührlich an allen
körperlichen und geistigen Gefühlen jener ihm fremden Person Theil, äußert Schmerzen, an eben jenem
Theile, woran der Magnetiseur unvermerkt verletzt
wird, empfindet einen bald widerlichen bald angeneh-
men Geschmack, wenn jener unangenehme oder wohl-
schmeckende Dinge in den Mund nimmt, *) weiß jede
Bewegung des entfernt oder hinter ihm stehenden Magnetiseurs und wird von der Kränklichkeit desselben mit
ergriffen. Durch den Willen des Magnetiseurs oder
durch unmittelbare Berührung selbst mit einer dritten
Person in Beziehung gesezt, weiß die Somnambüle
um alles was mit dieser vorgehet, auch wenn dieselbe
weit entfernt ist, **) und auch der Magnetiseur vermag aus weiter (ganze Meilen betragender) Entfernung, durch bloße Anstrengung seines Willens auf eine mit ihm in enger Beziehung stehende Somnambüle zu wirken, und diese in Krise zu versetzen. ***)
In dem Zustande des Hellsehens wissen jene Kranken
auch, was sich indeß in weiter Entfernung, in ihrer
Heimath zuträgt *a), und überhaupt wird, sobald jener
innere Sinn sich eröffnet, eine ganze, nahe und ferne
Außenwelt demselben klar und gegenwärtig. Nicht
bloß wird ein noch ganz unbekanntes Buch, dessen
Blät-

---

*) Kluge, S. 201.

**) Kluge a. a. O. S. 216.

***) Derselbe, 231 — 233 — 235.

*a) Derselbe Seite 217 — 222.

Blätter durch verschiedene Mittelglieder mit dem Hell-
sehenden in Beziehung gebracht worden, von diesem
gelesen, *) der Stand des Zeigers an einer außer dem
Gesichtskreise desselben stehenden Uhr erkannt, **)
und die Annäherung bekannter Personen, die auf gewöhnliche Weise nicht bemerkt werden konnte, aus der
Ferne wahrgenommen ***) sondern durch jene Eröffnung des innern Sinnes, sieht sich der Somnambul
auch in eine, von ihm sonst nicht besuchte, nur dem Namen nach bekannte Gegend versetzt, wo er das sieht,
was er angelegentlich gesucht und gewünscht hatte. *a)
Eine gewisse Person jener Art durchschaute mit gei-
sterhafter Klarheit eine ganze nächtliche Begebenheit,
die sich, während sie schlief, fern von ihrem Zimmer
im elterlichen Hause zugetragen hatte, und der Erfolg
zeigte, daß sie sich nicht getäuscht, und den Plan eines
wirklich vorgehabten Diebstahls richtig eingesehen hatte. *b)

Jenes Ferngefühl, jener Scherblick des Gangliensystemes, ist denn auch ein Eigenthum der Entzückung (wovon noch nachher), des Traumes, der Ohnmacht, des Scheintodes, und anderer Zustände, worinnen alle Fähigkeit nach außen zu wirken noch mehr

auf-

----

*) Kluge, S. 135.

**) Derselbe, S. 130 — 139.

***) Derf. S. 138.

*a) Derf. S. 214.

*b) Derf. nach Wienholt, S. 219.

aufgehoben ift. Jene Fälle, wo ein weit entfernter
Freund, einen Geliebten, deſſen Seele ſich in der Todesſtunde oder anderen wichtigen Augenblicken lebhaft
mit ihm beſchäftigte, eigentlich vor ſich ſtehen zu ſehen, die Stimme des Abſchiednehmenden oder Fragenden wirklich zu hören glaubte, obgleich er in jenem
Augenblick an etwas ganz Anders dachte, und von der
Krankheit der geliebten Perſon nicht das mindeſte
wußte, ſind doch zum Theil von zu nüchternen Beob-
achtern erzählt, als daß man ſie ganz läugnen könnte. *)
Ein gewiſſer, mir nahe verwandter, ehrwürdiger Mann,
deſſen frommer Ernſt keine Selbſttäuſchung zuließ,
hat eine ähnliche Erfahrung in der Todesſtunde ſeiner
weit entfernten Mutter gemacht. Freylich vermögen
wir uns nur ſelten beym Erwachen aus jenen tieferen
Träumen oder Zuſtänden der Ohnmacht, an das zu erinnern, was während der Zeit unſern innern Sinn
bewegt hat. Merkwürdig iſt es aber, daß Somnambulen in dem Zuſtand des Hellſehens alles das genau
wußten, was während ſie in Ohnmacht oder Catalep-
ſie lagen, um ſie und mit ihnen vorgegangen. **) So
merkwürdig ſchon alle jene Erſcheinungen ſind, ſo ſehr
auch ſchon ſie an ein höheres Vermögen im Menſchen
erinnern, ſind ſie dennoch nur erſt ein Schatten von
dem, was dieſer höhere Sinn, wenn er zuweilen noch
in den Grenzen des jetzigen Daſeyns auf eine geſunde
und natürliche Weiſe im Menſchen erwacht, umfaſſet

und

---

*) Hieher gehörige Litteratur bey **Kluge** P. 372.

) **Kluge, a. e. O. S. 206.

und vermag; *) wie die noch künftige Lilie, die
das zergliedernde Messer und das Vergrößerungsglas
schon in der zerschnittenen Zwiebel künstlich darstellen,
nur ein kleiner Schatten von dem ist, was sie geworden wäre, wenn sie sich im nächsten Sommer allmählig aus dem Keim entwickelt hätte.

So sind uns jene Organe, welche uns an die
Materie fesseln, gerade auch ihrerseits Leiter über die
Gränzen materieller Beschränkung hinaus, und sie
sind uns ganz dasselbe in Beziehung auf die Zeit. Alles Periodische, alle Zeiteintheilung kommt nämlich
durch das Gangliensystem ins thierische Leben. Schon
die Bewegungen der Organe des Gangliensystems geschehen nicht wie die der willführlichen Organe in un-
bestimmten, zufälligen Momenten, sondern in einer
rhythmischen periodischen Aufeinanderfolge der Zusam-
menziehungen und Ausdehnungen, gleichsam stoßweise, und diese stoßweise Bewegung findet sich auch in
jenen Krankheiten der willführlich beweglichen Organe,
die aus dem Gangliensysteme herkommen, z. B. in
der Epilepsie. — Die an bestimmte Zeiten gebundenen
Erscheinungen des Schlafens und Wachens, der Verdauung, des Wachsthums und der Entwickelung, der
monatlichen Blutungen, die kritischen Perioden der
Fieber, kommen sämmtlich aus dem Gebiete des Gangliensystems her. Ueberhaupt ist schon an sich selber
das

---

*) Geschichte des Johannes Knox u. a. besonders aber des
Thomas Bromley in der Historie der Wiedergebornen, von Reiz, Theil 2 und 6.

das zeugende und bildende Vermögen des Körpers in seinen wichtigsten Aeußerungen an fest bestimmte Zeiten gebunden. Das Zeugungsvermögen des Thieres erwachet im Naturzustande bey einem gewissen Stand der Gestirne, und jene Varietäten und häufigen Spielarten in Gestalt und Farbe, welche sich bey den Hausthieren finden, kommen bloß daher, daß der Mensch ihnen durch häufiges oder verändertes Futter, die Zeiten der Begattung verändert hat; die zahllosen Verschiedenheiten, individuellen Charaktere und Besonderheiten des Menschengeschlechtes, bloß daher, daß dasselbe in Beziehung auf Zeugung an keine bestimmten Zeiten festgebunden ist. Dennoch verräth sich jene Abhängigkeit von der Zeit auch noch bey dem Menschen in verschiedenen Thatsachen, und wenn im weiblichen Geschlecht die psychische (feindliche, zerstörende) Natur des Gangliensystemes viel leichter frey zu werden vermag als im männlichen, so weiß dieses die Natur durch die monatlichen Blutungen zu verhüten, deren Ausbleiben jenes psychische (zerstörende) Erwachen nur zu leicht herbeyführt. Es erinnert jenes körperliche Phänomen an gewisse psychische Erscheinungen, welche der Forscher in der Geschichte der Orakel und Menschenopfer und in dem Beysammenseyn beyder bemerken wird. Die Erscheinungen der pythischen Begeisterung gründen sich zum großen Theil, wie der Wahnsinn, auf ein Erwachen des sonst gebundenen, psychischen Vermögens des Gangliensystemes, dessen wesentlicher Charakter Zerstörungsucht und jene innre Wuth ist, die sich nur im Blute zu kühlen vermag. Selbst der grausame Götzendienst der Mexicaner, war zugleich mit Spuren einer weissagenden Erkenntniß der Priester verbunden.

— Auch

— Auch in der höheren, reineren Region zeigt sich, nur zu einem besseren, göttlichen Zweck, etwas Aehnliches, und auch hier muß ein weit von seiner Bestimmung abirrendes Erkennen durch Blut versöhnt werden. *)

Der an kritische Tage und Zeiträume gebundene Charakter, kommt eigentlich nur jenen Krankheiten zu, welche im Gebiete des Gangliensystemes ihren Sitz haben, **) und ist in denen, bey uns häufigeren Zuständen des Uebelbefindens, wobey das Cerebralsystem mehr afficirt ist, unkenntlicher und verwischter. Die Art

---

*) Es giebt indeß hierüber noch einen andern, vielleicht höheren Gesichtspunkt, der uns nur gerade hier zu sehr aus dem Wege liegt. Die Leichtgläubigkeit und der Unglaube sprechen beyde von außerordentlichen Erscheinungen (Voranzeichen u. a.) die sich in der Nähe eines Sterbebettes oder überhaupt nahe vor dem Tode eines Menschen zutragen sollen. Beyde streifen, ohne es zu wissen, an ein Geheimniß, vermöge welchem der Sterbende zwischen seiner noch lebenden Umgebung und einer andern (der Geister-) Welt, ein vermittelndes Glied — eine Leiter bildet, an welcher jene Kräfte und Erscheinungen der andern Welt in unsere sinnliche herabsteigen und in diese auf Momente hinüber wirken. Die Phantasien der Sterbenden haben sich schon oft auch ihrer lebenden Umgebung mitgetheilt, was jene hörten, glaubten auch diese zu vernehmen.

**) Unter andern sind auch die Anfälle des Wahnsinnes häufig periodisch, kamen in gewissen Fällen einen Tag um den andern, in andern 15 Tage im Jahre, in noch andern jede zwey Jahre 6 Monate lang, (also ein Viertel der Zeit) m. s. Reil, S. 440.

Art der Krife an einem noch künftigen vorzüglich entscheidenden Tage, wird freylich öfters schon in der
Krife eines früheren kritischen Momentes voraus erkannt, und diese, oft weit von einander getrennten
Momente, stehen in einer eben so genauen Beziehung
aufeinander, als die Krifen des Somnambulismus;
doch würde hieraus jenes prophetische Vermögen des
Gangliensystemes, welches öfters ganz zufällig scheinende Ereigniffe lange voraus verkündigt, nur ungenügend erklärt. Im Grunde genommen, gründet sich
jenes prophetische Gesicht auf ein ähnliches Ferngefühl
der Zeit nach, als die früher erwähnten Erscheinungen auf ein Ferngefühl dem Raume nach. Die verschiedenen Zustände, welche unser eigenes oder ein genau
mit ihm verbundenes Wesen, in verschiedenen Zeiten,
scheinbar zufällig und doch nach fest bestimmtem Gesetz
durchlaufen muß, gehören eben so nothwendig zu unserm gegenwärtigen Wesen, als jene Veränderungen
und Ereigniffe, welche eine entfernte geliebte Person betreffen, deren Schicksal uns wie ein eigenes an-
geht. Wir und der entfernte Geliebte, unsere Gegenwart und unsere Zukunft, sin in einem höheren
Dritten vereint, deffen Strahl in jenen prophetischen
Augenblicken des Erkennens, unsern inneren Sinn berührt, und in der Entwickelungsgeschichte unsers unsterblichen Wesens giebt es überhaupt keinen Zufall,
sondern daßelbe wird von jener Liebe, die es sich selber freywillig erwählte, in Ereigniffen, welche nach
unabänderlichem Gesetz auf einander folgen, entweder
für den Genuß eines ewigen Friedens oder einer ewigen Unruhe erzogen.

Wir

Wir wollen uns auch hier zunächst nur bey dem engeren Kreise der Erscheinungen des Hellsehens verweilen. Personen, die sich in jenem Zustande innerlicher Eröffnung befinden, sagen nicht nur die Zeit, wie lange jener Zustand dauern, wenn er wiederkehren werde und künftige Krankheitszufälle genau voraus, *) sondern sie wissen auch Dinge vorher, die durchaus nicht von ihnen selber abhängen. Drey von Wien holt magnetisch behandelte Personen, sagten einen Zufall vorher, durch welchen sie den Fuß verrenkten. **) Eine Andere wußte im Zustande des Hellsehens voraus, daß sie an einem gewissen Tage aufs Land gebeten und dort in Versuchung gerathen werde, ein Pferd zu besteigen, das ihr durch einen Sturz großes Unglück bringen könnte, und bat dringend, jenen Zufall von ihr abzuwehren. Auf eine durchaus nicht vorherzusehende Weise, wurde jene Ahndung wahr. Eben so weiß die Somnambule genau vorher, wenn sich in geistiger Hinsicht irgend eine Idee vollständig in ihr entwickeln, wenn sie im Stande seyn werde, gewisse Fragen zu beantworten. Jenes Vorahndungsvermögen beschränkt sich aber nicht auf die Person des Somnambülen allein, sondern dieser besitzt auch ein solches Vermögen in Beziehung auf andre, mit ihm in Beziehung gesetzte Personen, denen derselbe

künf-

---

*) Kluge, a. a. O. S. 105 und 199.

**) Derselbe, S. 215.

***) Derf. S. 226.

künftige Ereigniſſe und das nahe Ende ihrer ſelben vorausſagt. *)

Es giebt ein ſchon im Somnambulismus öfters ſehr deutlich entwickeltes prophetiſches Vermögen, nicht bloß für die Zukunft, ſondern auch für die Vergangenheit. **) Die Somnambulen wiſſen mit einer bewundernswürdigen Klarheit alle jene kleinen, im Wachen längſt vergeſſenen Begebenheiten und Zufälle, die ihnen einmal vor langen Jahren begegnet ſind, ***) und auch im Traume werden wir öfters an längſt vergeſſene Begebenheiten aus der früheſten Kindheit erinnert. Auch hier wird jenes prophetiſche Erkennen auf fremde mit dem Somnambul verbundene Perſonen übergetragen, und jener weiß in gewiſſen Fällen genau alle jene Begebenheiten, welche, öfters der leidenden Perſon ſelber nicht mehr erinnerlich, auf ihren jetzigen Krankheitszuſtand Beziehung hatten. *a)

Ueberhaupt werden faſt alle Erſcheinungen des Erinnerungsvermögens und der reproducirenden Einbil-

---

*) Kluge, Seite 200—?04, 205, 218.

**) Hufelands Somnambüle verwechſelte faſt immer das Heute mit dem Geſtern, erzählte Dinge, die noch zukünftig waren, und die ſie prophetiſch vorausſahe, als wären ſie geſtern geſchehen. Hufeland über Sympathie, S. 189.

***) Derſelbe S. 213. u. ſ.

*a) Derſelbe, Seite 217.

bildungskraft, in einem genauen Zusammenhange mit
dem Ganglienſyſteme gefunden. Wenn wir uns jene Rührungen unſerer Sinne, jene Handlungen, welche mit innerm Gefühl verbunden waren, dadurch zu-
ruckruſen, daß wir dieſe Gefühle erneuern, ſo muß
nothwendig ein großer Theil der Empfindungen und
vormaligen Rührungen, welche im inneren Kreiſe des
Ganglienſyſtemes ihren ſammlenden Mittelpunkt hatten,
für die Erinnerung verloren gehen, weil unſer Wille
vermöge der oben erwähnten Scheidewand, nicht im
Stande iſt, Rührungen jenes Syſtemes nach Gefallen
hervorzubringen. In der Zeit der Jugend, bey einem höheren Stand der bildenden Lebenskraft, gelingt
der ſinnlichen Natur die Vereinigung beyder Syſteme
und das Aufheben der trennenden Scheidewand noch
eher, dagegen ſcheint ſich bey dem zunehmenden Alter
die Grenze immer enger und feſter um das Cerebralſyſtem herumzuziehen und dem Willen den Zugang zu
der Region der Gefühle abzuſchneiden. Alte, dumpfe
Greiſe, wiſſen nichts mehr von allen jenen folgenrei-
chen, heitern oder truben Begebenheiten, nichts mehr
von allen jenen vielumfaſſenden tiefen Kenntniſſen, wodurch ſie früher zu großen männlichen Thaten gereift
waren, Neuton und Kant verſtehen ihre eigenen Werke nicht mehr, große, im Umgange der Alten grau
gewordene Philologen, ſtraucheln an leichten Sprach-
regeln, alle, ſelbſt die höchſten Bemühungen und
Kämpfe um geiſtige Vollendung und Tugend, ſcheinen mit allen dem, was durch ſie errungen worden,
verloren und auf immer vergeſſen zu ſeyn, und dem
frommen, tiefer erleuchteten Greiſe, bleibt von allen
mühſam erworbenen religioſen Erkenntniſſen, kaum noch

ein

ein einfaches Gebet aus der Kindheit übrig. *) Und
dennoch geht uns jenes wohlerworbene Eigenthum unserer früheren Jahre, gehen uns jene Erkenntnisse und Gefühle nicht verloren. **) Vielfältige
Erfahrungen haben gelehrt: daß öfters in der Stunde
des Todes, in Träumen und ähnlichen Zuständen,
ja in einem geringeren Maaße schon im fröhlichen Rausche alle jene Erinnerungen und verloschenen Gefühle
zurückkehren, daß dann auf einmal der noch vor wenig Tagen dumpfe, kaum seiner selbst sich bewußte
Greis, helle, klare Blicke über seine ganze Vergangenheit zu thun vermag, alle seine vergessenen Kenntnisse wieder empfängt, und zum Theil sich ihrer in
einem Grade mächtig zeigt, wie vorher niemals, indem zugleich Sprache und Ausdruck sich veredeln.
Die kindisch gewordenen Alten haben dieses mit den
Wahnsinnigen gemein. Die verloren gegangene Vernunft kehrt bey Vielen kurz vor dem Tode, mit der
Erinnerung an die eigentlichen persönlichen Verhält-

nisse

---

*) Ein Beyspiel der Art gab unter andern Stillings
alter Vater. M. s. den letzten Band der Lebensbeschreibung.

**) Auch ein gewisser, vom Wahnsinn glücklich Geheilter,
in den er dadurch verfallen war, daß er seine treu ge-
glaubte Braut nach mehrjähriger Trennung auf einmal als Gattinn eines Andern und als säugende Mutter wieder sah, und der nach der Heilung gar nichts
mehr von seiner vorigen Liebe wußte, erinnerte sich
beym Anblick einer säugenden Frau wieder an Alles.
M. s. Spieß a. a. O.

niffe und an die ganze Reihe der Lebensschicksale zurück. Der kranke Wahn schwindet wie ein schwerer
Traum, deffen Inhalt freylich in der wachen Erinnerung zurückbleibt. *) Ueberhaupt ist es bekannt, daß
die Wahnsinnigen sobald sie schlafen, vernünftige und
in klarem Zusammenhange stehende Träume haben,
und die Reihe der wachen Zustände scheint sich
durch den Traum hindurch fortzusetzen. **) Ja es
scheint sogar in gewiffen Fällen durch den Wahnsinn
und mitten in demselben eine gewiffe Entwickelung
und Ausbildung der höheren Seelenkräfte möglich, und
nicht bloß folget auf den Zustand der Melancholie ein
freyerer Gebrauch der Seelenkräfte, sondern an wieder-
hergestellten Wahnsinnigen ist zuweilen in Hinsicht der
moralischen und erkennenden Kräfte, eine vortheilhafte
Veränderung und Veredelung wahrgenommen worden.
***) Merkwürdig ist in jener Beziehung vorzüglich
die Geschichte jener zwanzig Jahre lang wahnsinnig
gewesenen Frau, welche im November 1781, in einer
kleinen Stadt der Uckermark, sieben und vierzig Jahre
alt gestorben. Man hatte an dieser Wahnsinnigen
schon in den einzelnen lichten Augenblicken, eine stille
Ergebung in den höheren Willen und fromme Faffung
wahr-

---

*) M, s. schon Spieß Biographien der Wahnsinnigen,
an verschiedenen Orten.

**) Spieß, a. a. O. 1ter Band, Geschichte der Ka-
tharina P . . . rin, und auch des Friedrich M . . r,
der jedesmal beym Erwachen die Seinen kannte.

***) Cox, prakt. Bemerk. über Geisteszerrütt. S. 115.

wahrgenommen. Vier Wochen vor ihrem Tode er
wachte sie endlich aus ihrem zwanzigjährigen schwe
ren Traume. Aber die sie vor ihrem Wahnsinne ge
kannt hatten, kannten sie jetzt, in dem Zustande dieser
letzten Verwandlung kaum wieder, so veredelt, erweitert
und erhöhet waren alle Kräfte und Empfindungen ihrer
geistigen Natur, so veredelt ihr Ausdruck. Sie sprach
in dieser Zeit Dinge mit einer Klarheit und inneren
Helle aus, welche der Mensch in seinem jetzigen Zustande nur selten oberflächlich erkennen lernt. Ihre
Geschichte erregte Aufsehen: Gelehrte und Ungelehrte,
Gebildete und minder Gebildete drängten sich an jenes merkwürdige Krankenbette, und Alle mußten ein-
gestehen, daß, wenn auch die Kranke während der
ganzen Zeit ihres Wahnsinnes den Umgang und die
Belehrung der gelehrtesten und erleuchtetsten Männer
ihrer Zeit genossen hätte, ihr Geist doch nicht gebil-
deter, ihre Erkenntnisse doch nicht umfangsreicher und
höher hätten seyn können, als jetzt, wo sie aus einer
so langen, tiefen Gefangenschaft aller Kräfte zu erwachen schien. *) So sind denn jene Führungen
unseres Geistes durch die kindische Beschränktheit des
hohen Alters, oder selbst durch noch dunklere, trübere
Zustände, nicht das was sie dem Materialismus scheinen, und das ewige Eigenthum unsers Geistes kann
uns durch nichts entwendet werden.

Aber wo verbirgt sich denn jene dem Anscheine
nach verloren gegangene Erkenntniß, wo verbirgt sich
die

---

*) Basler Sammlungen, Jahrgang 1786. Pag. 116.

die ganze Reihe scheinbar ganz erloschener Erinnerungen, während jener Zustände der Dumpfheit und Be-
sinnungslosigkeit, die demnach in gewissen Fällen nur
dem Schlafe gleichen, aus dem wir mit klarer Erinnerung ans Gestern, und aufs neue gestärkt erwachen?
Wir dürfen uns auch bey der Beantwortung dieser
Frage auf das früher Gesagte beziehen. Ueberhaupt
pflegen sich die Gegenstände und Veränderungen, welche auf und in uns wirken, nur in dem Grade unserer Erinnerung einzuprägen, in welchem sie uns in-
teressiren, d. h. mit der Liebe, mit der Grundneigung
in uns in Beziehung stehen, — in dem Grade, in
welchem sie auf den Kreis unserer Gefühle, wohl-
thuend oder schmerzhaft einwirken. Selbst das Ein-
prägen ganz mechanischer und an sich todter Fertigkeiten z. B. das Erlernen ganz unverstandener fremder Worte, gelingt uns nur dadurch, daß wir das
zu Erlernende in irgend eine, wenn auch noch so leise
Beziehung mit dem Kreise unserer Gefühle und unserer Grundneigung setzen, und jene Fertigkeiten er-
löschen um so früher, je unwesentlicher und leiser
diese Beziehung war. Gegenstände, die gar nicht auf
jenen lebendigen Kreis einwirken, liegen überhaupt
ganz außer dem Umfang unseres Erkennens, wir
erkennen nur im Lichte unserer Liebe (das was dieser
Liebe förderlich ist oder hinderlich), können nur das
erkennen, was Gegenstand unserer Neigung oder Ab-
neigung zu werden vermag. Unser Erkennen stehet
deßhalb in Hinsicht seines Umfanges in geradem Verhältniß mit dem Umfang unserer Liebe, höheres Erkennen wohnt bey höherer Liebe, beschränktes bey be-
schränkter. Eng ist der Kreis des Erkennens bey der

thie-

thierischen Natur, welche nur von dem Kunde hat, was mit ihren Neigungen in Verbindung steht, und für welche die ganze übrige Welt der Dinge nicht vorhanden ist; nicht viel weiter ist jener Kreis bey der thierisch = menschlichen Natur, während er bey jener Liebe, deren einziger und höchster Gegenstand der Inbegriff aller Dinge wäre, so unermeßlich seyn würde, als jener Gegenstand selber.

Nach dem Vorhergehenden ist das Gangliensystem der Ausgangspunkt und das vereinigende Centrum der inneren Gefühle und Neigungen. Die von dem Cerebralsystem abhängenden Verrichtungen unserer Sinne, das Sehen und Hören, lassen uns an sich kalt, und geschehen ohne Gefühl von Wollust oder Schmerz, wenn aber bey dem Anblick einer hohen Natur, bey dem Hören des Glockengeläutes und anderer Harmonien unsere Brust sich erweitert, unser Gefühl sich erhebt, fühlen wir, daß jene Rührung nicht in dem an sich kalten Kreis der Sinne beschlossen sey, sondern aus jener Region der Gefühle komme, die wir im gemeinen Leben das Herz nennen. Dagegen sind schon alle Verrichtungen des Gangliensystemes an sich, selbst im Kreise des thierischen Lebens, mit einem Gefühl von Wollust oder Schmerz verbunden, und das Geschäft des Nahrungnehmens, der Geschlechtsverrichtung u. a. pflegt ursprünglich das thierische Gefühl heftig zu erregen. Vorzüglich genießen wir dann das erhöhte Gefühl sinnlichen Wohlseyns und innigen Behagens, wenn jene trennende Scheidewand zwischen dem Cerebral= und Gangliensystem sich hinweghebt, und der enge Kreis, welcher

je=

jenes erstere — den Sitz des Bewußtseyns — umgiebt,
mehr und mehr sich erweitert. Wenn im Schlafe,
in der Ohnmacht, im Scheintode und ähnlichen Zuständen jene Schranke hinwegfällt, und beyde Systeme nun in Eins vereinigt, das (dann vorherrschende)
Geschäft des Gangliensystemes wirken, so ist hiermit
zugleich ein Gefühl des innigen Wohlbehagens, nach
dem Ausdruck der ohnmächtig und scheintodt Gewesenen
von Seligkeit verbunden. *) Auch der Zustand des
Wahnsinnes und der Raserey, besonders der der letz-
tern, wobey jene Schranken auch aufgehoben sind,
pflegt mit einem ganz besonderen Wonnegefühl verbunden zu seyn. **) „Ich erwartete, sagte ein von
Willis geheilter Wahnsinniger, ***) meine Anfälle
mit Ungeduld, denn ich genoß während derselben eine
Art von Seligkeit. Alles schien mir leicht, kein Hin-
derniß hemmte mich, weder in der Theorie, noch in
der Ausführung. Mein Gedächtniß bekam auf einmal

---

*) M. Ahndungen einer allgemeinen Geschichte des Le-
bens, Art. Verwesung.

**) Cox, a. a. O. siebender Fall. Bey traurigen Wahn-
sinnigen ist meistens schon eine innerliche organische
Zerstörung der Theile vorgegangen, sie sind deßhalb
weit seltener und schwerer heilbar als lustige Wahnsinnige (man s. ebendaselbst S. 59), und Raserey ist
oft ein günstiges Zeichen naher Heilung.

***) Reils Rhapsodien, Pag. 304. Wahnsinnige, die
der Genesung nahe sind, betrachten deßhalb öfters den
Arzt der sie aus ihrem Traume reissen will, mit Widerwillen. Spieß a. a. O. über das Hospital der
Wahnsinnigen zu P. . .

mal eine besondere Vollkommenheit — ich erinnerte mich z. B. langer Stellen aus lateinischen Schriftstellern. Es kostete mir im gewöhnlichen Leben viel Mühe, gelegentlich Reime zu finden, aber in der Krankheit schrieb ich so geläufig in Versen, als in Prosa. Ich war verschmizt, sogar boshaft, und fruchtbar an Hülfsmitteln aller Art. *)" Auch bey den Somnambülen, in denen während der Krise eine ähnliche Erweiterung jener engen Grenzen, ein ähnliches Aufheben jener Scheidewand statt findet, nur daß sich bey ihnen das Gehirn nicht negativ wie im Wahnsinn und Schlaf, sondern positiv verhält, wird jenes Wonnegefühl bemerkt, besonders im höchsten Grade, in dem Zustand der Entzückung, wodurch jene Schranken so vollkommen aufgehoben werden, daß die empfangenen Rührungen selbst noch mit ins Wachen übergehen.

Jene Aufhebung der gewöhnlichen Schranken und Vereinigung beyder Systeme pflegt insgemein durch eine ganz vorzüglich erhöhte Thätigkeit des einen von beyden zu geschehen, und im Rausche, im Somnambulismus, im Zustande der höchsten Freude u. a. durch Erhöhung der Thätigkeit im Gangliensystem, im Zustande des erhöhten Erkennens, durch

Er-

---

*) Man wird hieraus die nicht etwa durchaus göttliche, sondern zum Theil sogar sehr verdächtige Natur jenes Wonnegefühles einsehen, ein Umstand, den ich selber früher (a. a. O.) übersehen.

Erhebung des höheren Seelenvermögens. In beyden Fällen aber kommt das gesteigerte Gefühl aus und vermittelst dem Gangliensystem in unsere Seele. Jenes ist überhaupt, wie schon gesagt, Organ des Erkennens, und zwar in dem früher erwähnten doppelten Sinne, Organ des körperlichen Erkennens oder Erzeugens und des geistigen Erkennens. Die Erkenntnißkräfte sind schon im Somnambulismus, ja im Rausche gesteigert, und früh nüchtern, wenn die psychische Erkenntnißkraft des Gangliensystemes noch nicht in dem Geschäfte der Verdauung erloschen ist, fühlet sich unser geistiges Erkenntnißvermögen am freyesten, am erweitertsten und vollkommensten und im Gegentheil fühlet es sich durch die entgegengesetzten körperlichen Zustände im höchsten Grade beschränkt und verengert. Der Unterschied zwischen einem großen Talent und einem sehr beschränkten, scheinet bloß davon abzuhängen, daß bey jenem der Wille mehr Gewalt über die Region des Gangliensystems hat, und diese wieder eine leichtere Zurückwirkung auf das Gehirn, während bey einem beschränkten Talent, jene Communikation erschwerter ist. Daher wird Blödsinn so oft durch Bewegung in freyer Luft, durch Verwundungen, besonders am Kopfe, und andere Einwirkungen, welche jene Communikation erleichtern, gehoben. Die Somnambülen sagen fast einmüthig aus, daß sie jene früher erwähnten höheren Erkenntnisse, das Verstehen fremder Gedanken, die prophetischen Blicke in die Ferne, und in die eigene oder fremde Zukunft und Vergangenheit, die helle Uebersicht über eine nähere oder fernere Körperwelt und die Einsicht in den inneren Umtrieb ihrer Kräfte, vermittelst der Herzgrube, d. h.

mit-

mittelſt des Ganglienſyſtemes empfangen, und nicht auf
dem gewöhnlichen Wege der ſinnlichen Erkenntniſſe.
Jenes Syſtem iſt überhaupt das einzige Organ für
alle Erkenntniſſe, welche außerhalb der engen Schran
ken der gewöhnlichen Sinnlichkeit liegen, *) und wenn
in gewiſſen Zuſtänden dem Menſchen, ſelbſt noch während des jetzigen Lebens Blicke in eine höhere geiſtige
Region oder ins innerſte und verborgenſte Geheimniß
eines fremden Herzens, das Errathen und deutliche
Wiſſen fremder Gedanken und Geſinnungen, gelingt
**), ſo wird dieſes auch nur dadurch möglich, daß die
Seele das im jetzigen Leben meiſt für ſie verloren gegangene und im niederen Geſchäfte befangene Organ
eines höheren und geiſtigeren Erkennens von neuem wieder empfängt, ein Glück, welches, ſo ſelten es iſt, dennoch von Einigen für eine beſtändige Furcht unſerer rein-
ſten und höchſten Beſtrebungen gehalten wird. ***)

Wenn

---

*) Hieher gehörte wohl auch vorzüglich die von Spieß
i 1ten Bande erzählte Geſchichte des wahnſinnigen
Jacob W. Dieſer, ohne ſein Zimmer zu verlaſſen,
wußte mit einem ganz beſondern Hllſehen, nicht bloß
alles was auf den Feldern und unter den entfernten
Heerden ſeines Gutes vorging, ſondern errieth und erkannte auch offenbar fremde Gedanken und Geſinnungen.

**) Terſtegens Leben heiliger Seelen, Originalausgabe
B. 1. S. 61. u. f. Reiz Hiſtorie der Wiedergebornen, B. 6. S. 19.

***) Thomas Bromley über die Offenbarungen, wel-
che man außerordentliche zu nennen pflegt. Aus dem
Engliſchen.

Wenn demnach alle unsere Erkenntnisse und Erinnerungen ihr Reich im Gangliensystem haben, so
wird jene an Greisen und noch manchen Nervenkran-
ken bemerkte Erscheinung des scheinbar gänzlichen Ver-
schwindens, und oftmals plötzlichen Wiederkehrens unserer Kenntnisse und Erinnerungen leicht begreiflich
seyn. Ueberhaupt ist jede Erinnerung nichts anders,
als eine bald mehr bald minder willführliche Wiedererneuerung der gehabten Rührungen und Empfindungen. Wenn sich nun bey zunehmendem Alter und
durch andere Umstände jene um das Cerebralsystem
gezogene Schranke immer mehr verengert, wenn das
Gebiet der Empfindungen — das Gangliensystem,
welches in der Gefühls = und Empfindungsreichen Zeit
der Jugend demselben noch ungleich zugänglicher war,
immer mehr für den Einfluß des Willens sich verschließt:
so gelingen auch jene Wiedererneuerungen der gehabten Rührungen des inneren Sinnes nicht mehr, unsere Erinnerungen und Kenntnisse sind uns zwar nicht
verloren, aber sie sind für uns unzugänglich und verschlossen. Aber schon der Traum, plötzliche Freude, noch
mehr der dem Tode häufig vorhergehende Zustand,
stellt die unterbrochene Verbindung auf einmal her.
Uebrigens belehrt uns jene öfters bis zum höchsten
Grade gehende Verengerung und Beschränkung des
Erkenntnißkreises, was die von Vielen über Gebühr
verachtete Region des Gefühles und der gröberen Körperlichkeit uns sey: der mütterliche Erdboden oder
Mutterleib, dem wir die Frucht unserer Bemühungen
und Forschungen, aller Kämpfe und freywilligen Ent-
sagungen, alle erlernte Fertigkeiten im Guten und
Schlimmen, ja die meisten Keime eines neuen, höheren

ren Daseyns anvertrauen. — Der Wurm einiger Insekten pflegt, wenn er sich in seinem engen Gehäuse
zur höhern Verwandlung anschickt, sich auf eine be-
wundernswürdige Weise umzukehren, was unten war,
wird jetzt oben — der neue Vogel Phönix entsteht
nach der alten Sage aus einem Wurm, und im müt-
terlichen Körper bildet sich das neue Leben, mitten
zwischen den Stätten des Moders und des Todes. —
Nach einer andern, vielfältig veränderten Sage, geschieht die Bildung der neuen himmlischen Natur und
die Auferstehung des Leibes aus dem im bisherigen
Zustande unscheinbaren und unwerthen Beinchen Lus. *)

Wir nehmen nun hier den Faden, dessen Zusammenhang durch jene physiologischen Erörterungen
vielleicht um etwas klarer geworden, wieder auf. Der
Stimmnerve und der ganze mit ihm verbundene Kreis
der Sprachorgane, gehöret zu einem Systeme unsers
Körpers, dessen Geschäft jenes des schaffenden Wortes
ist — eine ganze ihm untergeordnete kleine Welt zu
erzeugen und zu bilden. Wenn auch dieser Kreis sehr
verengert ist, so zeigen uns doch mehrere Erscheinungen, unter andern jene psychische Gewalt welche der
Magnetiseur über die ganz von ihm verschiedene Person
der Somnambüle, noch mehr jene, welche der Mensch
in gewissen Fällen über die ganze ihn umgebende Natur ausübt **), daß das Gangliensystem, so wie es noch
jetzt

---

*) M. s. Kanne s älteste Urkunde.

**) Der hieher gehörigen Thatsachen wird noch im nächsten
Abschnitte erwähnt werden.

jetzt der Sinn ist, auf welchen alle Einflüsse einer höheren geistigen Region einwirken, auch ursprünglich das Organ sey, durch welches der Mensch bildend und verändernd auf die ihm umgebende Natur einwirken konnte. Sobald in verschiedenen körperlich = geistigen Zuständen, die eigenthümliche Natur des Ganglien-systemes anfängt zu erwachen, sehen wir dieselbe wenigstens noch im schwachen Schatten, ihr altes und ursprüngliches Geschäft treiben. Der Traum, der Somnambulismus, die Begeisterung und alle erhöhten Zustände unserer bildenden Natur, führen uns in schöne, noch nie gesehene Gegenden, in eine neue und selbsterschaffene, reiche und erhabene Natur, in eine Welt voller Bilder und Gestalten. *) Aber jene Gebilde sind nur ein armer Nachhall des anfänglichen Vermögens. Ein großer Künstler, der jetzt in einem engen Kerker an Ketten geschlossen, alles Materials seiner ehehin mit Ruhm ausgeübten Kunst beraubt ist, verräth das innere Verlangen nach angemessener Beschäftigung und den eingepflanzten Kunsttrieb wenigstens noch dadurch, daß er Gestalten aus Brodteig bildet, die ihm der nächst folgende Augenblick wieder zerbricht, und mit seiner Kette, statt des ihm genommenen Pinsels, in den Staub mahlet, den der nächste Morgen wieder verweht. — Von allen jenen

Kräf-

<hr>

*) Kluge, a. a. O. Hufelands 2te Somnambüle sahe sich im Zustand des Hellsehens gleich von Anfang in einen schönen Garten versetzt. Hufeland, über Sympathie S. 179. — Scheintodt Gewesene sagten dasselbe von sich aus.

Eben so die sogenannten Verzückten.

Kräften welche das Gangliensystem oder vielmehr, die in ihm wirkende bildende Seele besessen, statt jener göttlichen Sprache, deren Worte die Gegenstände der äußeren Natur, deren ewiger Inhalt Gott und die Liebe des Menschenherzens zu Ihm gewesen, ist uns nur noch ein Laut ohne Wesen und Körper, ein nicht mehr bildendes und schaffendes, sondern ohnmächtiges und kraftloses Wort, die Stimme und die gemeine Wörtersprache übrig geblieben. Jene Echo, die täuschende, als sie gegen den in seiner eigenen Liebe befangenen Narciß entzündet worden, verzehrt sich selber in unglücklicher Neigung, und wird eine körperlose Stimme — ein armer Nachhall.

Wenn schon in den Zuständen eines erhöhten Erkennens einzelne gottgeweihte Männer dahin gelangten, daß sie in der Seele Anderer zu lesen, noch nicht ausgesprochene Gedanken zu beantworten vermochten, daß sie „wußten, was im Menschen war,“ wie Der, durch dessen Hülfe sie jene Kraft erlangten *): so läßt sich noch vielmehr in einem künftigen höheren Zustande eine Sprache der Seelen erwarten, worinnen sie sich die Gedanken und Empfindungen auf eine andere und wirksamere Weise mittheilen, als durch Worte. Obgleich unserm Wesen von jenem weiten Kreise einer geistigen liebenden Wirksamkeit, der eine ganze Welt in sich faßte, nur noch ein kleiner, enger Bezirk übrig geblieben, so ist es dennoch dieser enge Bezirk,

inner-

---

*) Unter andern Gregorius Lopez, bey Terstegen, am schon angeführten Orte.

innerhalb welchem sich noch jetzt die höchsten Wunder unserer Natur entfalten. Wir wollen ihn mit einem andern, mit seinem eigentlichen Namen nennen: jener gefallene, in die Materie befangene **Phosphorus** unsers Wesens, ist nichts anders als die **Fähigkeit dsselben zu lieben**. Nur der Liebe in uns offenbart sich die höhere geistige Region, nur die Liebe vermag, wenn sie sich von dem ihrer unwürdigen Gegenstand zu einem höheren und würdigeren erhebt, das zu erkennen, was über den engen Kreis des jetzigen Daseyns hinausliegt. Und unsre Liebe allein, und das was sie in ihrem bald weiteren, bald engeren Kreis aufgenommen, geht mit uns hinüber.

Die Sprache der ewigen, göttlichen Liebe, mit der liebenden Fähigkeit im Menschen, war nach dem Vorhergehenden das als äußere Natur geoffenbarte Wort. Und dieses Wort, in der Bilder- und Gefühlssprache (des Traumes, der Begeisterung) prophetischer Weihe, ist noch jetzt die Sprache der höheren Liebe mit unserer liebenden Seele, die eine ganze Welt von lebendigen Gestalten und Gefühlen zum Ausdruck ihres Sehnens erwachet.

Aber die liebende Fähigkeit im Menschen hat sich von ihrem ursprünglichen Gegenstand entfernt, und ihr unvergängliches Sehnen auf einen vergänglichen Vorwurf gerichtet. Wie der natürliche Schlaf, ein Bild des Todes, dadurch entsteht, daß die in materieller Bildung befangene Ganglienthätigkeit (der schlafende Phosphorus) diese ihr eigenthümliche Befangenheit und Lähmung periodisch auf das Cerebralsystem

ſtem überträgt, ſo iſt Phosphorus ſelber durch die Materie der er ſich zugeſellet, von jenem Schlaf in dem er befangen, angeſteckt worden. Nach einem alten Spruche wird nämlich das Erkennende mit dem Erkannten Ein Leib, Ein Weſen. Die Materie, an welche jene Liebe in uns ſich gefeſſelt, hat, wie ſie an ſich ſich ſelber blind und bewußtlos war, und bloß durch das, was ſie dem höheren Sinn bedeutete, Weſenheit gewann, dem Phosphorus der ſich liebend zu ihr geſellte, ihre eigene Blindheit mitgetheilt.

Jener Theil unſeres Weſens, welcher an ſich weder zu lieben noch zu haſſen vermag, ſondern dem ruhigen Selbſtbewußtſeyn dienet, hat bey der alten, traurigen Kataſtrophe am wenigſten gelitten, und das Cerebralſyſtem, jedoch ſeines urſprünglichen Organes beraubt, iſt der urſprünglichen geiſtigen Beſtimmung auch noch im jetzigen Zuſtande getreu. Aber wie ein aus einer ſchweren Nervenkrankheit Geneſener, deſſen Kräfte jetzt alle nur der Wiederherſtellung des Leibes dienen, von dem weiten Kreiſe ehemaliger Kenntniſſe und Fertigkeiten, nur noch einen engen, dumpfen, eines dunklen, ungewiſſen Bewußtſeyns übrig behält, ſo iſt auch der jetzige Zuſtand unſers, mit ſeinen beſten Kräften (mit ſeiner Liebe) in materieller Bildung befangenen Weſens, nur ein Schatten des früheren. Das volle Bewußtſeyn und der ganze Gebrauch der geiſtigen Kräfte kehrt Jenem bey der Wiedergeneſung zurück, und auch der Menſch vermag ſchon in den Grenzen des jetzigen Daſeyns einen großen Theil der verlorenen Kräfte wieder zu gewinnen. In gewiſſen Fällen iſt ſelber die früher erwähnte Beſchränkt-

ſchränktheit des hohen Alters ein Zeichen, daß alle
Anlagen unſers Weſens Liebe geworden, in Liebe ſich
verwandelt, und daß nun das Fahrzeug, das nicht
mehr in dem beſchränkten Kreiſe unſerer Willkühr liegt,
flott zu werden anfange. Wie die Seele des Fötus
im Mutterleibe, ganz im Geſchäft der Bildung ihres
Organes befangen, bewußtlos ſchlummert, ſo die Seele der Alten, wenn in ihrem Innern der Fötus des
neuen höheren Daſeyns ſich zu bilden anfängt.

Sobald in dem der urſprünglichen geiſtigeren Beſtimmung noch getreu gebliebenen Cerebralſyſtem, welches bloß durch den Schlaf mit der Materie ſich ver-
miſchet, das Bewußtſeyn jener Beſtimmung erwachet,
ſiehet ſich daſſelbe in einem ſteten Widerſpruch mit ſeiner eigenen Natur. Der eine Theil ſeines Weſens
ſpricht eine Sprache (die des blinden materiellen Bedürfniſſes), welche das geiſtige Organ nicht verſteht,
und wiederum verſteht jenes nicht die Sprache des
geiſtigen Sinnes. Durch dieſe babyloniſche Sprachenverwirrung, da keines das andere verſteht, ſind beyde
zu einander gehörige Hälften ſich gegenſeitig unver-
ſtändlich, keine vernimmt die andre, und hierin liegt
der Grund der früher erwähnten Iſolation.

Ueberhaupt verſtehen wir, wie ſchon oben geſagt,
nur das, was in dem Kreiſe unſerer Neigungen, unſerer Liebe liegt, und zwey Weſen von ganz verſchie-
denartigen Neigungen, ſind ſich gegenſeitig ganz un-
verſtändlich — bemerken ſich gar nicht. Die Mag-
netnadel wird durch jeden in ihre Nähe gebrachten
Magnet oder jedes Stückchen Eiſen, ſtark afficirt,

kaum

kaum merklich durch einen elektrischen Körper, und ein plötzlich auf sie einfallender Lichtstrahl, so wie ein naher Ton, der doch verwandte Saiten stark in Bewegung setzt, scheinen gar keinen unmittelbaren Einfluß auf sie zu haben; eben so wenig als im organischen Körper der Gesichtssinn Töne, das Gehör Farben vernimmt; eine einfache Parallele, welche zum Theil von den Physikern übersehen worden. Schon Wesen von Einer und derselben, oder von nahe verwandter Gattung und Anlage, aber von verschiedener Neigung, verstehen sich gegenseitig nicht; z. B. die Bruthenne versteht nicht die Neigung der jungen unter ihren Küchelchen befindlichen Ente zum Wasser; der gemeine, geldgierige Sinn versteht nicht den poetischen; der böse Mensch nicht den Guten. Mit andern Worten: nur Wesen, die sich in Beziehung auf ihre Neigungen verwandt sind, vermögen auf einander zu wirken, und wenn in irgend einem, sonst dem Cerebralsystem untergeordneten, willkührlich beweglichen Theile durch einen Umstand die bildende oder zerstörende Ganglienthätigkeit das Uebergewicht bekommt, wird dieser Theil willkührlich unbeweglich — erscheint gelähmt. Auf diese Weise sind sich auch das in materieller Bildung befangene Gangliensystem, und das psychisch thätige Gehirn, gegenseitig unverständlich, sind gegenseitig von einander isolirt.

Betrachten wir den Organismus bloß innerhalb der Grenzen der Thierheit, so erscheinen an ihm das Gehirn und die Sinne als jener Theil, der an dem Geschäfte der materiellen Körperbildung, auf welches doch im Thiere alles hinführt, keinen unmittelbaren

An-

Antheil nimmt. Ernährung, Bildung, und Wachsthum hängen bloß von den Organen des Ganglienſyſtemes — Gedärmen, Gefäßen u. a. ab, und die Organe des Cerebralſyſtemes bleiben dabey müßig. Das
letztere Syſtem iſt daher jener Theil der thieriſchen Natur, der noch nicht, wie der bildende Trieb, in materieller Wirkſamkeit befangen, von dieſer noch nicht
eingenommen, ungeſättigt, als reine Empfänglichkeit
für jeden mit der eigenthümlichen Neigung
des Weſens verwandten Gegenſtand zurückbleibt,
wie bey der nicht ganz geſättigten Verbindung einer
Säure mit einem Kali, der noch ungeſättigte Antheil
der Säure. Bey dem Thiere, deſſen Neigung bloß
die Materie zum Vorwurf hat, reicht indeſſen auch
jene noch unbefangene Empfänglichkeit, welche ihren
Sitz im Cerebralſyſteme hat, nicht über den Kreis
des materiellen Bedürfniſſes hinaus, während im Menſchen, deſſen Neigung urſprünglich höherer Natur iſt,
noch eine Empfänglichkeit für etwas Höheres, ungeſättigt durch alles bloß materielle Wirken und Genießen, zurückbleibt. Die Vernunft iſt in dieſem Sinne
ein Vernehmen der Sprache einer höheren Ordnung
— der Stimme einer höheren Urſache alles Seyns,
und das mitten in dem Meere materieller Genüſſe frey
gebliebene Geiſtige erhebt ſich als Selbſtbewußtſeyn über die Beſonderheit. Wenn der Wahnſinn
nach dem Vorhergehenden vielfältig in einem catalepti-
ſchen Stillſtehen aller Seelenthätigkeit, in einem Hin-
ſtarren nach Einem geiſtigen Punkte beſtehet *) und
wenn

*) Schon nach Helmont. — In vielen Zuſtänden des
Wahnſinnes wiederholte der Kranke ganze Tage lang

11

wenn es dagegen meist schon ein Vorzeichen naher Genesung ist, wenn sich die Seele von ihrer firen Idee auf andre Gegenstände hinwegbringen lässet: so bestehet jene Gemüthskrankheit in einem Aufhören der eben erwähnten geistigen Empfänglichkeit, welche bey ihr ganz in dem Kreise materieller Wirksamkeit und Neigungen befangen und gesättigt ist.

Jener empfängliche, in dem Kreis der materiellen Neigungen nicht mit befangene Theil unsers Wesens ist es, welcher auch allein einer höheren Liebe als die zu dem Materiellen, noch zugänglich und offen ist. Je mehr aber jener Theil von einer geistigen (guten oder bösen) Wirksamkeit ergriffen worden, desto mehr scheidet er sich von dem bloß in materieller Wirksamkeit befangenen Ganglionsystem. Daher nimmt die Scheidung beyder Systeme durch Kultur des Geistes bis zu einer gewissen Gränze zu, und der wilde Naturmensch (noch mehr das Thier) ist für die Rührungen des Ganglionsystemes und für die Strahlen seines natürlichen Lichtes (Instinkt, Vor- und Ferngefühl) noch viel offener als der gebildete Europäer. Bey jenem sind sich beyde Systeme in Hinsicht ihrer Neigung und Wirksamkeit näher verwandt — verständlicher. Die Region des Ganglionsystemes bleibt bey ihm dem Willen zugänglicher und umgekehrt accordiren die Regungen der Gefühlsregion mehr

---

immer ein und dasselbe Wort oder dieselbe Handlung: Reil, a. a. O. 126 — 127 — Spieß, Hospital der Wahnsinnigen zu P. im angeführten Werke.

mehr mit den Regungen des Cerebralſyſtemes, ſd ließen
ſich dem Kreiſe des Selbſtbewußtſeyns näher an,
weßhalb auch die wilden Indianer niemals dem
Wahnſinn ausgeſetzt ſind.

Obgleich aber auf der einen Seite die Iſolation
zwiſchen beyden Syſtemen durch Kultur des Selbſtbewußtſeyns bis zu einer gewiſſen Grenze zunimmt,
ſo verſchwindet ſie dagegen jenſeits dieſer Grenze gänzlich. Wenn nämlich die Region unſerer bisher ſinnlichen und materiellen Neigungen erſt gänzlich von einer höheren und geiſtigen Liebe erfüllt iſt, wenn jene
materielle Beſchränkung, die der ſelbſtſüchtige Trieb
ſich geſchaffen, durch eine der Selbſtſucht ganz entge-
gengeſetzte Neigung wieder aufgelöſt worden, dann
wird auch das in Hinſicht ſeiner Neigung veredelte
und vergeiſtigte Gebiet des Ganglienſyſtemes, dem
höheren Gebiet wieder gleichartig, die Schranke zwiſchen beyden fällt nun hinweg, jene Iſolation hört
auf, und der Wille empfängt von neuem den Gebrauch
ſeiner höchſten, bisher für ihn unbrauchbar und wie
verloren geweſenen Kräfte zurück. Und wenn auch
dieſe Wiedervereinigung unſrer im jetzigen Zuſtande getrennten Natur nur ſelten durch jene Mittel noch im
jetzigen Daſeyn gelingt, ſo wird uns doch das höchſte
Bemühen unſerer Natur in einem künftigen Daſeyn
ſeine höchſte Frucht tragen. Denn allerdings iſt es
der größere, wichtigere Theil der Kräfte unſerer geiſtigen Natur, welcher gewöhnlich in der Materie befangen — gebunden iſt, und wir ſehen, daß, ſobald
er durch krankhafte Zuſtände (z. B. im Wahnſinn)
befreyt, ſeine pſychiſche Natur zurückempfängt, und
nun

nun vermöge dem Gesetz der Gleichartigkeit auf das psychisch thätige Cerebralsystem vollkommener zu wirken vermag, er dieses unaufhaltsam mit sich fortreiße, in den Kreis seiner Neigungen.

Ueber jene Grenze der gewöhnlich sogenannten Kultur hinüber, beginnt dann erst eine wahre, höhere (auch dem Naturmenschen unmittelbar zugängliche) moralische Kultur, in welcher das wichtigste Geschäft unseres jetzigen Daseyns bestehet. Das ganze Gebiet der Gefühle, der Traumsprache und der Natur, erscheint uns hier in einer neuen höheren Beziehung, in welcher es uns nun der nächste Abschnitt soll kennen lehren.

———————

7. Der

7. Der Deus ex Machina.

Wir haben im Vorhergehenden zugegeben, daß die ganze Region unserer Gefühle von zweydeutiger Natur sey und daß uns gerade mitten im Glücke selbst unserer höchsten und geistigsten Genüsse, Regungen von ganz entgegengesetzter Natur am leichtesten beschleichen. Nur gar zu oft nimmt in der Zeit unserer lebhaftesten jugendlichen Gefühle, eine Zuneigung der Geschlechter, die Maske religiöser Gefühle an; ein leicht getäuschtes Gemüth hält sein unbefriedigtes Sehnen für eine Liebe höherer und göttlicher Art, und der schöne Schein verschwindet, wenn jenes Sehnen seinen längst geliebten Gegenstand empfangen. *) Es sind daher jene sogenannten Erweckungen, welche in der Zeit der lebhaften Jugend geschehen, nur selten von langer Ausdauer, um so weniger, je auffallender und glänzender die Erscheinungen dabey gewesen **); der bessere Sinn scheint nicht eigentlich erwacht gewesen zu seyn, sondern nur im Schlafe gesprochen zu haben, und der alte Zustand des ruhigen Schlafes tritt um so fester wieder ein, sobald jene Zeit der lebhaftesten Neigungen und Empfindungen vorbey ist.

Jene

---

*) Stillings Theobald, oder die Schwärmer, Th. 1. S. 113. Th. 2. S. 15, 18, 20, 82, u. s. f.

**) Semmlers eigne Lebensbeschreibung, 1ster Band. Besonders aber die in verschiedener Hinsicht merkwürdige: Pilgerreise zu Wasser und zu Lande, u. s. in Briefen Nürnberg 1799. Seite 135, 366 u. a. und Stilling, a. a. O.

Jene fromme Seelen, welche eine ganz besondere leb=
haftigkeit und Innigkeit ihres Gemüths, vorzüglich
oft in die Tiefe eines religiösen Entzückens hingerissen,
waren, wie schon erwähnt, auf der andern Seite auch
gerade am meisten den Qualen der heftigsten sinnli=
chen Versuchungen ausgesetzt *) oder auf jenes Ent=
zücken folgte eine bis zur tiefsten Ohnmacht gehende
Dürre und Verlassung von allem geistigen Gefühl. **)

Eben so ist es von einer andern Seite gewiß,
daß nur gar zu oft das öftere Schwelgen selbst in
den höchsten und geistigsten Genüssen, der vorzüglich=
ste Stoff zu jenem schlimmsten Hochmuth ist, welcher
sich für heiliger und besser hält, als alle andre, sei=
nen Weg für den einzig guten, und welcher jeden an=
deren Weg verdammet; eine Quelle jenes Fanatis=
mus, der, bis nahe an unsere Zeiten, tausend Un=
schuldige und Bessere hingeopfert. ***)

Je=

---

*) Terstegen, a. a. O. besonders in den Lebensbe=
schreibungen des 2ten Bandes.

**) Unter andern die oben angeführte Pilgerreise, beson=
ders vom 33ten Briefe an.

***) Es ist fast unglaublich, welche unlautere und unsinnige
Quellen jene süßen religiösen Entzückungen haben kön=
nen, auf welche Einige so stolz sind. Eine gewisse fa=
natische Gesellschaft in den dreyßiger Jahren des vorigen
Jahrhunderts, rief sie, auf eine Art von magnetischer
Weise, durch fortgesetztes eigenes Kneipen und Reiben
des Leibes hervor. Und jene Entzückten wurden für
Wiedergeborne gehalten! Stilling, a. a. O. Th. I.
S. 244.

Jener Weg der moralischen Vollendung, welcher fortwährend durch lauter heftige, wenn auch nicht durchaus liebliche Gefühle geht, ist daher wenigstens für die Meisten ein gefährlicher und unsicherer, und ein großer Mann in dessen eigenen Lebensschicksalen überall schnelle Uebergänge, gewaltsame Entwickelungen und wunderbare Führungen gefunden werden und eine ganz besondere Heftigkeit und Lebhaftigkeit der Gefühle, wirkte war auch unter seinen Schülern gewaltige Entwickelungen und schnelle scheinbar tiefe Sinnesänderungen, aber er mußte zugleich auch erfahren, daß alle, außer Einem, dessen starke Natur jenem gewaltsamen Wege gewachsen war, aufs Entsetzlichste zurückfielen und sich von dem Höchsten gerade aufs Niedrigste — auf Diebstahl, Lügen, Selbstmord u. dgl. wendeten. *) Mit Recht wird daher von ernster Gesinnten der Weg, auch der geistigen Armuth und stillen Entbehrung: jener königliche Weg des Kreuzes wie ihn Einige nennen, **) für sicherer gehalten als der Weg des geistigen Genusses, und ein gewisser heiliger Mann, spricht selbst ernst und entschieden gegen jene Thränen und Seufzer, und gegen alle, auch die leisesten äußeren Bewegungen, welche ein ganz in Gott versunkenes Gefühl, ihm selber unbewußt verrathen. ***)

Und

**) Gichtels Leben. Der einzige Treugebliebne unter 30 Schülern, war Ueberfeld.

**) Thomas von Kempen, Buch 2. Kap. 11.

*) Leben des Gregorius Lopez bey Tersteegen, B. 1. S. 93. der Originalausgabe.

Und dennoch erschien uns im Vorhergehenden die Region unserer Gefühle als der bergende und bildende Mutterleib, worinnen der Fötus eines neuen, höheren Daseyns in Freud' und Leid empfangen und ausgebildet wird. In der That die immer mißlungenen und mißlingenden Versuche unserer Moralisten zeigen uns zur Genüge, daß der Mensch durch ihr kaltes verständiges Gewäsch weder erzogen noch gebessert werden könne, und wenn nicht der gute Wille eines einfältigen nach Wahrheit suchenden Gemüthes dieses schon an sich selber veredelte und besserte, könnte man, zugeben, daß es öfters vortheilhafter sey, Moral von der Bühne als von unsern Kanzeln zu vernehmen. Der Erinnerung bleiben überhaupt nur solche empfangene Eindrücke getreu, welche auf den Kreis unserer Neigungen (Gefühle) wirkten, aus diesem Kreise gehen alle unsre Entschlüsse und Handlungen hervor, in ihm wurzeln unsre Gesinnungen; und nicht bloß der ganze körperliche sondern auch der geistige Mensch wird in und aus jenem Kreise gebildet. Der Starke wird nur durch einen Stärkeren bezwungen, die schwächste unserer sinnlichen Neigungen ist stärker als das stärkste verständige Räsonnement, das bloß aufs innere Gehör, nicht aufs Herz wirkt, und der Mensch wird nur dadurch gebessert, daß eine höhere und edlere Liebe von seinen Neigungen Besitz nimmt und die unedlere und niedere verdränget; nur dadurch, daß das Licht einer höheren Sonne den Schein der niederen Funken auslöscht.

In unsern Schauspielen erfährt man öfters im letzten Akte, daß auf einmal ein ungerathener Sohn,

ein

ein ganz entarteter Gatte gebeffert, ein alter Sünder
zum Tugendhaften umgewandt werde, und obgleich
folchen fchnellen Aenderungen felten lange zu trauen,
wie uns, wenn wir hinter den Vorhang hinaus
blicken könnten, der fechste und fiebente Aft lehren
würden; fo ift es doch gewiß, daß die innere Ge-
fchichte des Menfchen reich an Beyfpielen einer faft
auf einmal gefchehenden und über das ganze Leben
hinaus unwandelbar fortwährenden Sinnesänderung
fey. Auch eine herzliche Liebe zwifchen zwey für einander geeigneten Perfonen, entfteht ofters fogleich in
den Augenblicken des erften Sehens, und bringt in
einer einzigen entfcheidenden Stunde eine gänzliche
Aenderung der Gefinnung hervor, indem alle andere
frühere Neigungen durch diefe ungleich ftärkere verändert oder verdrängt werden. Oder auch, eine lange
im Innern verhaltene, fich felber unbekannt gebliebene Liebe, bricht zuletzt auf einmal in einer einzigen
glücklichen Stunde unaufhaltfam hervor, *) fetzet fich
in Befitz aller unferer Kräfte, und fängt nun fogleich an, auf diefe bildend und geftaltend einzuwir-
ken. Auf diefe Weife kann auch jene höchfte Liebe,
deren Gegenftand ein folcher ift, daß in ihm ein ewi-
ges Sehnen ewig neue Befriedigung findet, und daß
feine unendliche Fülle felbft ein ewiger Genuß nicht zu
erfchöpfen vermag, auf einmal, in einer einzigen großen Stunde fich entzünden, und nun auf immer in un-
ferm Gemüth feften Sitz faffen; oder eine einzige gute

Stunde

---

*) Ewalds Handbuch für erwachfene Töchter, Band 1.
Seite 229.

Stunde kann die | bisher noch schwache und dem
Kampfe mit der Sinnlichkeit nicht gewachsene Neigung aus ihrer Ohnmacht erwecken und auf immer
stärken. Jene Liebe aber, nur einmal recht erwacht,
wirkt gar bald bildend und veredelnd auf den ganzen
Menschen ein, und wie man von der gewöhnlichen
Liebe mit Recht behauptet, daß sie zuweilen den Jüngling in einer einzigen Stunde zum Manne reife, so
wird es auch nicht befremden können, daß diese Liebe
von ungleich höherer Kraft, den Menschen auf einmal zu etwas ungleich Höherem reife.

Hieher gehören zuvörderst nicht jene sogenannten
Sinnesänderungen und Verwandlungen des Charak-
ters, die in etwas bloß zufällig erscheinenden Körper-
lichem ihren Grund hatten, z. B. jener Fall, wo ein
Wahnsinniger, nachdem er durch einen Sturz das
Bein gebrochen und den Kopf verletzet, nun auf einmal nicht bloß vernünftig, sondern auch von seinen
ehemaligen Unarten und schlechten Neigungen geheilt
erschien, *) ein Fall, der schon aus dem Inhalt des
vorhergehenden Abschnittes begreiflich seyn und in
seinem eigentlichen Lichte erscheinen wird. Die bald
ganz im Geschäft der materiellen Bildung befangene,
bald durch einen äußerlichen Zufall von ihren Schranken befreyte sinnliche Seele, kann einer und derselben
indifferenten Natur bald einen besseren bald einen

schlim-

---

*) Lor a. a. O. S. 115. Ein Anderer (Narr) wurde gar
durch ein Brechmittel moralisch gebessert, S. 123.

schlimmeren moralischen Anstrich geben, jene bösen
Neigungen und Regungen, welche aus einer üblen
Laune hervorgehen, werden öfters durch ein wenig
Wein oder eine leichte Bewegung in freyer Luft gehoben, und von dem gemeinen Troß der Menschen wird
es sich erst jenseit dieses Lebens, wenn jene Schranken brechen werden, wodurch die materielle Natur dem
jetzigen Daseyn eine Brücke über einen tiefen Abgrund bauet, entscheiden müssen, ob sie ihrer Grundneigung nach zu den Guten gehören oder zu den Bösen. Sinnesänderungen, die daher auf jene Weise
erfolgen, bestehen in nichts anderem, als in einem mo-
mentanen Verstecken der eigentlichen Grundneigung,
in einem Hineinziehen jener Klauen, die gar bald,
bey einer gegebenen Veranlassung wieder hervortreten
können. Ein materielles Band hat sie auf Augenblicke gefesselt, und sobald dasselbe hinweggenommen
worden, zeigen sie sich von neuem. Jene gleichsam
durch einen Rippenstoß moralisch veränderte Menschen, blieben übrigens auch nach jener Veränderung
noch im Grunde und in Hinsicht auf ihren Willen,
das was sie zuvor gewesen — indifferente Naturen,
die an sich weder gut noch bös, die alten Unarten auf
einmal unterließen, weil sie die Neigung oder die Fähigkeit dazu verloren. In ähnlicher Manier sind auch
Bösewichter, bey denen die innere Verdorbenheit und
Verkehr heit übrigens nicht bloß in thierischer Lustbe-
gierde bestanden, plötzlich durch Castration; Brand-
weinsäufer, durch ein geschickt beygebrachtes Brechmittel scheinbar ganz gebessert worden, und die hart-
nackigsten Mörder, die noch im Angesicht des nahen
Todes, alle gutgemeinte Sorge eines geistlichen Va-

ters

ters verachteten und kalt verspotteten, machte wohl ein
einziger starker Aderlaß auf einmal zahm und reuig.

Wenn indessen Tissot durch Veränderung der
Diät, z. B. durch Vertauschung der Fleischkost mit
Pflanzenkost, bey welcher der moralisch Kranke standhaft beharrte, einen zum heftigen Jähzorn geneigten
Jüngling von jener Aufwallung heilte, so ist hierbey
jener Antheil nicht zu übersehen, welchen der täglich
bey jener freywilligen Versagung mitwirkende, ernste
gute Wille an der physischen Kur hatte. Uebrigens
wird es wohl keinem Zweifel ausgesetzt seyn, daß öfters auch der Arzt einen schweren moralischen Kampf
mit der eigenen verdorbenen Neigung sehr erleichtern
könne, und daß überhaupt der praktische Philosoph in
mehr als einer Hinsicht auch die Kenntnisse des leiblichen Arztes besitzen müsse.

Wir reden demnach hier nicht von jenen, schon
durch leichte äußerliche Mittel zu erreichenden schein-
baren Besserungen, wobey die Gesinnung eigentlich
dieselbe bleibt, und nur die Gegenstände irgend einer
verkehrten Neigung ihr gewöhnliches Interesse verlie-
ren, während der verwöhnte Sinn gar bald wieder
eine andere eben so verkehrte Richtung nimmt; nicht
von jenen Remissionen und lichten Augenblicken, die
wohl die verdorbenste Natur zuweilen, aus Abstumpfung und Ueberdruß gegen den gewöhnlichen Reiz
zum Bösen haben kann, oder weil die zu ferneren
Ausschweifungen nöthigen Kräfte erschöpft sind, und
kein Ernstgesinnter wird ein dumpfes Phlegma, das
so oft eine Folge jener Erschöpfung ist, und dem nun
zuletzt

zuletzt das Böse eben so gleichgültig geworden, als ihm das Gute schon längst gewesen, — für Tugend halten. Vielmehr reden wir hier von jener Verwandlung des ganzen inneren Wesens, welche unveränderlich durch das ganze Leben hindurch fortdauert, und wodurch alle Neigungen des Menschen auf einmal eine neue, veredelte Richtung annehmen. Alle jene, vorhin sinnlichen Neigungen, zeigen sich jetzt durch eine neue, höhere Liebe, deren Gegenstand ein geistiger und göttlicher ist, verdrängt, und selbst in jene Naturen, die vorhin ganz Sclaven ihrer Sinnlichkeit waren, gelangt der beßere Wille auf einmal zur schweren Selbstbeherrschung. Eine solche Seele findet in keinem Besitz mehr Genüge, als in dem ihrer Liebe, und dieses Besitzes gewiß, bleibt sie bey allem andern äußern und innern Wechsel ruhig, vermag wie jener König in Bettlerlumpen Gott zu loben, wenn sie friert und wenn sie hungert *) und gern und fröhlich empfängt sie aus der Hand ihrer Liebe auch das Bitterste. Wie schon ein von sinnlicher Liebe ergriffener Mensch, mit seiner Neigung auch alles das umfaßet, was mit dem Gegenstand seiner Liebe in Beziehung steht und was dieser in sich begreift; so öffnet auf eine noch viel höhere Weise die Liebe zu einem Gegenstand, welcher die ganze Welt in sich begreifet, das Herz einer reinen Bruderliebe, die auch den herzlich umfaßt, von dem sie sich gehaßet weiß. Zugleich ist jene höchste Liebe ein Spiegel, worinnen die Seele

sich

*) Taubers Medulla animae. Cap. 66.

sich täglich selber betrachtet und erkennen lernt, was sie
ohne ihre Liebe war und ist. Hierdurch allein gelangt
der Mensch zu jener Selbstverläugnung, durch welche
er Andre von Herzen höher zu achten vermag, als sich
selber. Mit einem Worte, durch jene Liebe vermag
der Mensch Alles, auch das Ungewöhnlichste und un-
möglichst scheinende, in ihrem Lichte erkennt er Alles,
was ihm früher dunkel war. Denn in der That,
schon die Verwandlung, welche unter dem Einfluß
jener Liebe, mit den erkennenden Kräften der Menschennatur vorgehet, setzt in Erstaunen, denn hier
sehen wir mehr als uns alle Erscheinungen des Somnambulismus und das ganze hiermit verwandte Gebiet zusammen zeigen können. Dem unwissendsten
Layen werden in diesem Zustande öfters Augen und
Mund geöffnet, Dinge klar zu erkennen und auszu-
sprechen, in deren Tiefe kaum der gebildetste Verstand hineinblicket. Jener bäuerische Einsiedler *),
der anfangs in seinem stillen, abgelegenen Dorfe, dann
in einem einsamen Walde selbst nicht einmal Gelegenheit gehabt hatte, sich durch Umgang zu bilden, und
der nicht einmal lesen konnte, behielt zwar auch später, so lange bloß von Gegenständen des gemeinen
Lebens die Rede war, eine große Unbeholfenheit und
Dürftigkeit des Ausdruckes, sobald er aber von Ge-

gen-

---

*) Historie der Wiedergebornen, Theil IV, Seite 165,
und ähnliche Beyspiele in demselben Theile Seite 80,
im Vten Theile Seite 12, Seite 169, so wie das
Leben des Jacob Böhme u. A.

genſtänden der Religion ſprach, war jene Unbehülf-
lichkeit verſchwunden, ſein Ausdruck erhob und veredelte ſich plötzlich, er ſprach, ohne es ſelbſt jemals zu
wiſſen, in Verſen. Hierbey verrieth er in ſeinem Umgange eine Liebe, ein Zartgefühl, das von einer höhern
Bildung zeugte, als die ſogenannte Bildung der Welt
iſt. Erkennen wir ſchon beym Zuſtande des Somnambu-
lismu Erſcheinungen ähnlicher Art an, wie viel weniger ſollten ſie uns hier befremden. Es ſind bey wei-
tem noch nicht die höchſten Erſcheinungen dieſer
Region!

Aber auf welche Weiſe, durch welche Mittel ge-
ſchieht dieſe Veränderung? — In der That hier
erſcheint uns die Region der Gefühle und der Sinnlichkeit in einer neuen höheren Beziehung, und jene
plötzliche Veränderung begann allerdings jederzeit zuerſt durch Einfluſſe, welche die dunkle und verdächtige
Welt der Gefühle ſtark aufregten. Wenn auch ein
ſolches pſychiſches Freywerden eines vorhin gebundenen, ſeiner Natur nach höchſt zweydeutigen Vermögens, das nun auf einmal ſeinen Ei fluß auf Bewußtſeyn und Willen wieder empfängt *), nicht ohne
Gefahr iſt, ſo wird doch dieſe Gefahr dadurch vermindert und zuletzt ganz aufgehoben, daß die vorhin
von ſinnlichen Gegenſtänden ganz erfüllte und gefeſſel-
te Neigung, von einem andern höhern Gegenſtand-
grif-

---

*) Dadurch, daß, wie im vorigen Abſchnitte gezeigt wur-
de, die Wahlverwandſchaft zwiſchen beyden Hälften
wieder hergeſtellt wird.

griffen wird, der auch seinerseits sich ihrer allmählig
ganz bemächtigt, und sie in seine eigene Natur verwandelt.

Schon die gemeinere sinnliche Liebe, beginnt gewöhnlich mit dem Gefühl eines innigen Entzückens, das
das Herz unwiderstehlich in ihren magischen Kreis
hineinzieht. Auch jene höhere Liebe beginnt meist mit
einem noch nie gefühlten Entzücken, dessen Veranlassung öfters ganz dunkel ist. So wurde ein lebhafter,
sinnlich fröhlicher Jüngling *) als er einst mit gleich-
gesinnten Gefährten, jugendlich munter im Freyen gieng,
plötzlich von jenem Entzücken einer himmlischen Liebe
ergriffen, so daß er wie angewurzelt stehen blieb, den
Spott seiner Begleiter nicht mehr vernahm, und von
nun an Kraft erhielt, seiner Liebe ganz zu leben, ihr
Alles — Vermögen, Stand, Freunde aufzuopfern,
um ihretwillen Hunger und Blöße und Mißhandlun-
gen zu erdulden. —

Einen Andern ergreift jenes Entzücken plötzlich
beym Lesen und hierauf im Gebet **) Jemand wurde
bey dem Anblick eines blätterlosen Baumes, in seinem
achtzehnten Jahre von einer so tiefen Erleuchtung erfüllt, daß er von nun an sein ganzes Leben veränderte und daß diese Gesinnung bis ans Ende seines
Le-

---

*) Leben des Franziskus von Assis.

**) Theodor a Brakel, in der Historie der Wider-
geborenen, Band III. S. 30.

Lebens andauerte *), und dieselbe Wirkung brachte in
andern Fällen der Anblick eines betenden Wilden, ja
bey einer heiligen Seele in früher Kindheit das öftere
Aussprechen des unverstandenen Wortes Ewigkeit her-
vor **). Einmal wurde jene unvergängliche Empfin-
dung durch die bedeutungsvollen Worte eines geliebten
Kindes ***), in andern Fällen durch Errettung aus
Lebensgefahr *a), beym Genuß des Abendmals, in
einer einsamen Nacht *b), bey dem Verrichten einer
vielleicht ungewohnten religiösen Handlung *c) erweckt.
Nicht selten ist, auf eine merkwürdige Weise, der beym
Wachen gegen jede andre Stimme verschlossene innere
Sinn, durch öfters wiederkehrende bedeutungsvolle
Träume eröffnet worden, welche ein nie empfundenes
Entzücken zurück ließen *d), oder die merkwürdige Ge-
müthsveränderung geschah auf einmal, beym Erwa-
chen *e). Ja in einem gewissen, wohlbekannten Falle
wur-

---

*) Lorenz, von der Auferstehung, Terstegen, B. II..

**) Jenes bey Gichtel, dieß bey der Mutter Therese.

***) Historie der Wiedergebornen, Th. 1. S. 1.

*a) Ebend. S. 127, Th. 4. S. 45 u. f.

*b) Leben des Fr. Schulze, des bekannten Juden-
missionärs.

*c) Leben der Catharina von Genua.

*d) Historie der Wiedergebornen, Th. I. S. 105 und
besonders 143.

*e) Ebend. S. 132 und V, S. 175.

wurde durch den plötzlichen Anblick neugescheuerter zinnerner Gefäße, ein ganz neues inneres Gesicht erweckt, welches mit großer Klarheit Himmlisches und Irdisches durchschaute *) (in einem untergeordnetem Kreise pflegt schon das Hineinblicken in den aus einer hellpolierten Metallfläche bestehenden Erdspiegel, in reizbaren Personen einen dem magnetischen Hellsehen ähnlichen Zustand hervorzubringen). Nicht selten hat eine Veränderung der äußerlichen religiösen Confession, wenn sie die Folge eines ernstlichen guten Willens gewesen, dem es wahrhaft um rechte Besserung zu thun war, und der alle äußerlichen Vortheile gern aufopfern, den Spott der Welt nicht achten wollte, damit er jenes Höhere gewönne, eine solche glückselige innere Veränderung herbeygeführt. Uebrigens hat hierbey keine Confession einen Vorzug gehabt, indem bis nahe an unsere Zeiten die Fälle eben so häufig sind, wo eine gänzliche Sinnesänderung und innre höhere Verwandlung bey einem wohlgemeinten Uebertritt von der katholischen Confession zur protestantischen **) als bey jenem von der protestantischen zur katholischen erfolgt war. Eine solche, aus einem reinen, guten Willen geschehene Aufopferung, kann wohl schon an sich niemals ohne ihren höheren Lohn bleiben, und jener fromme Ernst, der aus gutmeinender Liebe zu Gott sich von Vermögen, äußerem Stande, ja von dem Geliebtesten,

was

---

*) Leben des Jacob Böhme.

**) Historie der Wiedergebornen, Th. 2, S. 57 Th. 4 S. 110. Th. 6. S. 192, u. f.

was er auf der Welt hatte, loszureißen vermochte *),
wird auch zu andern noch schwereren Kämpfen nicht
ungeschickt seyn. Uebrigens pflegen, von einem höheren Standpunkte aus gesehen, jene menschlichen Schranken zu verschwinden **), und die göttliche, Mark und
Bein durchdringende Gewalt des Christenthums, welche die innerste Kraft des Menschen nach einem gottli-
chen Vorbilde wieder erneuert, zeigt sich wohl ohne
Ansehen der Person, an keine Confession gebunden.

In sehr vielen Fällen ist jene höchste, geistige
Liebe erst dann zum lebendigen Ausbruch gekommen,
wenn sich die an irdische Liebe gewöhnte Seele von
dem Gegenstand ihrer bisherigen Neigung verlassen gesehen, oder wenn sie in Leiden anderer Art erfahren:
daß uns unter allem äußern und innern Wechsel, nur
Ein Trost, nur Ein Besitz sicher bleibet. So ist nicht
selten der bessere innre Wille durch den Tod der geliebtesten Personen — der Kinder, des Gatten erweckt
worden ***), und ein sehr lebenslustiger Sinn wurde
auf diese Weise durch den unvermutheten Anblick des
Leichnams seiner Geliebten, plötzlich und auf immer
verändert *a). Oefters hat äußere Noth *b), Mangel
                                                    an

---

*) Historie der Wiedergebornen, Th. 2. S 45.

**) M. s. unter andern die Reflexionen des Verfassers der
oben angeführten Pilgerreise hierüber.

***) Hist. d. Wiedergeb. Th. 1. S. 6. 9, 19, Th. 2.
S. 91. u. f.

*a) So der Stifter des de la Trappe = Ordens.

*b) Hist. d. Wiedergeb. Th. 1. S. 24. u. a. O. m.

an allem Nothwendigen, wobey die Seele zuerst ge=
wahr worden, daß noch Eine Hülfe bleibt, wenn auch
alle andre Hülfe uns verlassen, eine falsche Beschuldi=
gung, deren Ungrund nur Gott bekannt seyn konnte,
*) noch öfter haben innere, geistige Leiden, den schlum=
mernden Keim einer göttlichen Liebe auf einmal ge=
weckt und zur Bluthe gerufen **). In einem gewissen
Falle begann der innere Kampf beym plötzlichen Auf=
schrecken aus einem bedeutungsvollen Traume, dessen
eigentlichen Inhalt der Erwachende nicht mehr wußte,
der aber eine tiefe innere Wirkung zurückgelassen ***),
und ganz dieselbe Wirkung hatte mehrmalen das Er=
wachen aus dem Scheintode *a).

Da jene tiefe Sinnesänderung niemals in einem
von seinem eigenen Werthe eingenommenen Gemüth
Wurzel fassen kann, sondern vor allem das lebendig
empfundene Bedürfniß einer höheren Hülfe und das
Gefühl der eignen Unzulänglichkeit voraussetzet; so hat
öfters erst jenes Gefühl, welches ein begangenes Un=
recht zurückläßt, ein unvermutheter Fehltritt, den besse=
ren Sinn aus seiner geträumten Sicherheit wecken müs=
sen. Die von sich selber verlassene, über ihre eigene
Be=

---

*) Leben des Johann Dod, a. a. O.

**) Hist. der Wiedergebornen, Th. 1. S. 76, 102, Th.
3. S. 185. u. a. O. m.

***) Ebend. Th. 1. S. 132.

*a) Geschichte des Hans Engelbrecht, des Lambert
von Avre u. A. a. a. O.

Beschränkung belehrte Seele, lernte erst jetzt den Quell einer neuen, höheren Kraft aufsuchen und finden. So konnte in einer gewissen, wohlmeinenden Person, eine lange aufgeschobene Sinnesänderung erst dann Raum gewinnen, als sich dieselbe in einem längst gefürchteten Fehltritt versunken sahe *); ein zartes Gefühl hat wohl zuweilen die Reue über eine einzige gesagte Unwahrheit **), über ein einziges ausgesprochenes bitteres Wort ***) zur besseren Selbsterkenntniß geführt. In einem gewissen merkwürdigen Falle, war eine, früher in den Augen der Welt gute Person, durch die Qualen einer gänzlich mißrathenen Ehe so weit gebracht, daß sie fast kein anderes Gefühl mehr kannte, als jenes des bitteren Hasses gegen den Urheber ihrer verzweifelten Tage. Einst im lebhaften Traume, sieht sie sich als Mörderin des gehaßten Gatten, wird nun auf einmal des Abgrundes gewahr, woran sie sich befunden, und giebt der höheren Liebe auf immer in sich Raum *a).

Wir erwähnten schon im ersten Abschnitte jenes Kontrastes, in welchem der eigentliche Sinn unserer Gefühle und Empfindungen öfters mit den äußeren Erscheinungen stehet, welche jene begleiten; und wir

fin-

---

*) Geschichte des Hans Engelbrecht *) Lambert v. Avre, Th. 1 S. 45.

**) Ebend. S. 13.

***) Seite 64.

*a) Ebendas. S 111.

finden diesen seltsamen Kontrast auch hier wieder. Nicht selten wurde ein empfängliches Herz gerade im Genusse äußerer Lustbarkeiten, mitten im Taumel lebhafter sinnlicher Vergnügungen, von einem tiefen Gefühl der Eitelkeit und Unsicherheit alles Irdischen und von dem Sehnen nach einer höheren unvergänglichen Liebe ergriffen *).

Wir könnten, wenn hier der Ort dazu schiene, noch eine ungemeine Zahl jener merkwürdigen Fälle anführen, wo eine durchs ganze Leben bleibende gänzliche Sinnesänderung auf einmal, durch irgend eine tief aufs Gefühl wirkende Veranlassung herbeygeführt worden **) und wir enthalten uns hier absichtlich aller jener seltenen Beyspiele, welche zu sehr ans Wunderbare gränzen ***), so wie jener, wo die geistige Veränderung zu nahe am Tode erfolgte, wiewohl ohnfehlbar ein ernster erst an den Gränzen des jetzigen Daseyns erwachter guter Wille, auch über diese Gränzen hinüber sich getreu zu bleiben vermag, indem nach dem Ausdruck eines großen Mannes, der Mensch in jedem Augenblick, sobald er nur ernstlich will, sich von seiner bisherigen Verkehrtheit lossagen und besser werden kann.

Des-

---

*) Ebend. S 122. die Pilgerreise u. f. S. 15, Bunians Leben, bey Arnold, a. a. O.

**) Die angeführten Werke von Reiz, Terstegen, Arnold u. A. so wie die Basler Sammlungen enthalten eine Menge.

***) Augustini confessiones.

Oefterer und vielleicht ſicherer, pflegt ſich jedoch
jene höhere Liebe allmählig eines für ſie empfänglichen
Herzens zu bemächtigen und daſſelbe durch unmerkliche
Uebergänge in ihre göttliche Natur umzuwandeln. Es
iſt dieſer Weg der leichtere und ſanftere, während der
andere, auf welchem die Uebergänge heftiger und plötz-
licher geſchehen, nicht ohne gewaltige Kämpfe abgehet.
Mächtiger nämlich als jede andere, pflegt jene höchſte
Liebe alle unſere Gefühle bis in ihre Wurzel zu erregen. Wenn dann der Gegenſtand der ſie entflammte
auf Augenblicke ſich ihnen entziehet und den noch nicht
geprüften Willen gleichſam ſich ſelber überläſſet, äußern ſich jene Gefühle ihrer eigentlichen (ſinnlichen)
Natur gemäß, als ſinnliche Neigung. Und dieß mit
der ganzen Heftigkeit welche jene höchſte Neigung in
ihnen erweckte, wie die einmal groß genährte Flamme,
wenn nun auch jener nährende Stoff von oben, an dem
ſie erſtarkt war, ihr entgangen, ſich mit ihrer ganzen
Heftigkeit auf die ſie umgebenden niederen Gegenſtände
wendet und ſie verzehrt. Es entſtehet hieraus ein inneres Leiden, das ſich auf doppelte Weiſe zu außern
vermag. Entweder hort, jener im vorigen Abſchnitte
erwähnten Sprachverſchiedenheit wegen, die in die
Schranken ihrer niedern Natur zurückgekehrte Region
des Gefühles auf, der höheren Region verſtändlich und
vernehmlich zu ſeyn, und es tritt nun die früher erwähnte Scheidewand in ihrer ganzen Stärke zwiſchen
beyde ein — die ganze Region des Gefühles, wie ſie
völlig von jener höheren Liebe in Anſpruch genommen
war, wird jetzt, zu ihrer erſten Beſchränkung zurück-
gekehrt dem Willen und Bewußtſeyn entzogen. In
dieſem Falle entſtehet jenes Gefühl von Dürre und

Ver-

Verlassenheit aller geistigen Empfindungen, welches die in diesen Wegen Erfahrenen nicht schmerzlich genug beschreiben konnen. Oder auch das Bewußtseyn und der Wille müss n, nachdem durch die Stunden einer mächtig n Erschütterung jene Scheidewand aufgehoben worden, alle Qualen einer im Innern wüthenden Flamme niederer Neigungen und Leidenschaften erdulden. In diesen Zustánden bleibt jedoch jener Theil unserer Natur unberührt, welcher, wie schon früher erwähnt, an sich weder zu lieben noch zu hassen vermag, und welcher als bloßes Organ eines geistigen Auffassens sich durchaus von der Region der leidenschaftlichen Gefühle unterscheidet. Dieser bleibt, mitten in jenen Stürmen dem leitenden Stern von oben getreu, und ein ernster guter Wille widerseßt sich standhaft allen inneren Neigungen und Regungen, welche seiner höheren Richtung entgegenlaufen.

Und eben hier ist es, wo der im Innern empfangene Keim des neuen höheren Lebens sich zu entwickeln und zu wachsen anfängt. Sehr schon druckt sich über diesen Gegenstand eine gewisse, in diesen Wegen vielerfahrne heilige Seele aus, deren Gefühle von Natur ganz vorzüglich heftig und feurig waren. „Zuweilen, * sagt sie, überfällt mich in meinem Innern eine gewisse Leidenschaft, welche zwar vorhin nie in mir gewesen, welche aber durch Gottes Zulassung in mich kömmt. Diese Versuchung ist gräulicher als alle andere Versuchungen seyn mögen. Zu gleicher Zeit giebt

mir

---

*) Angele de Foliguy.

mir aber alsdann Gott in mein Inneres eine gewisse
göttliche Kraft oder Tugend, welche jenem Laster gerade entgegengesetzt ist, wodurch ich von der Versuchung
erlöst werde Diese göttliche Kraft oder Tugend ist so groß,
daß wenn ich auch sonst keinen Glauben an Gott hätte, so
müßte ich ihn hierdurch bekommen. Jene Kraft nun bleibt
immer, die Versuchung nimmt ab. Ja jene Tugend
hält mich nicht allein fest, daß ich nicht in die Sünde zu fallen vermag, sondern sie hat eine solche Gewalt, daß sie mich gründlich und ganz tugendhaft machet und ich erkenne, daß Gott in ihr gegenwärtig sey.
Durch sie werde ich, so erleuchtet und befestiget, daß
alle Güter und Leiden dieser Welt mich nicht zu der
mindesten Sünde bewegen würden, denn durch jene
Kraft behalte ich einen gewissen Glauben an Gott. Jenes Laster aber ist so abscheulich, daß ichs auch nicht
nennen darf, und so heftig, daß wenn die erwähnte
göttliche Kraft nicht in und mit mir wäre, nichts in
der ganzen Welt, weder Scham noch Schmerz mich
würde abhalten können in jene Sünde zu verfallen."
Und jene innern Leiden scheinen — nur bey Einigen
mehr, bey Andern minder heftig, überall nothwendige
Begleiter der neuen Geburt. Nur bey einigen frommen Kindern, und bey solchen ganz kindlichen Seelen,
wie die Margarethe von Beaune gewesen, welche ganz
in die Betrachtung der Kindheit Jesu versunken und
in diese Kindheit verwandelt war, soll die Führung
fast durchaus mild und ohne jene Schmerzen gewesen
seyn. Aber wir sehen allezeit ein sich selber treu blei-
bendes, wachsames Gemüth, aus jenen Versuchungen
nur stärker und gebesserter hervorgehen, und den Keim
des neuen Menschen, wie die Blume im Frühling

un-

unter den elektrischen Erschütterungen der Gewitter, sich nur kräftiger entwickeln.

Eben jene fromme Seele, deren Worte wir vorhin anführten, sagt an einem andern Orte: „Der Mensch wird gerade durch jene Untugend, womit er Gott beleidiget, auch wieder gestraft. So ist wohl zunächst der Hochmuth eine Wurzel alles unseres Uebels. Wenn nun die Seele aus Gott wiedergeboren ist, wird sie demüthig und wünschet von ganzem Herzen ohne Hochmuth zu seyn. Demohngeachtet kommt der Hochmuth ganz gegen ihren Willen in die Seele. Aber es stehet nur bey ihr, sich diesem Hochmuth zu widersetzen, und sich dadurch nur mehr in dem Sitz der Wahrheit zu befestigen. Weil sie aber vorhin jene Untugend mit ihrem Willen hegte, so kommt dieselbe nun gegen ihren Willen." Ueber solche unwillkührliche Regungen der Selbstsucht, jene Wurzel alles Uebeln, klagen Alle in diesen Wegen Erfahrene. Wir sahen im Vorhergehenden, daß die Grundneigung unserer sinnlichen Region Hochmuth sey, und daß bloß das materielle Geschäft, worinnen dieser Theil unserer geistigen Natur befangen ist, seine eigenthümlichen Ausbrüche hindere, welche dann erfolgen, wenn er durch heftige Aufregung seiner ganzen Kraft (was eben so durch niedere Leidenschaften, als durch die gewaltigen Gefühle unserer höchsten Liebe geschehen kann) aus seinen materiellen Banden frey geworden, oder wenn die Hülle unter der er sich verbarg auf einmal von ihm genommen wird. Diese ganze uns umgebende Region der Sinnlichkeit, erscheint nach dem Vorhergehenden, durch einen Act des Hochmuths entstanden und gebildet. Aber

eben

eben jene Selbstsucht muß zerstört und das verborbene Organ zu seiner ursprünglichen Bestimmung zurückgeführt werden. Es bleibt uns jener merkwürdige Prozeß der Wiedererneuerung hier noch vorzüglich von Einer Seite zu betrachten.

Die Führungen der Seelen mögen auf noch so verschiedenen Wegen, die neue Verwandlung mag nun auf einmal, in einer einzigen entscheidenden Stunde oder durch unmerkliche Uebergänge geschehen, immer bemerken wir (wie es ohnehin dem Inhalt des vorhergehenden Abschnittes gemäß zu erwarten war), daß jene Momente, worinnen der neue Keim zuerst erwachte und wodurch er sich weiter entwickelte, in vorzüglich kräftigen Aufregungen der Region unserer Gefühle bestunden *). In den vorhin angeführten Beyspielen begann der neue Seelenzustand immer mit ganz vorzüglich lebhaften Gefühlen, oder war plötzlich durch eine außere Veranlassung herbeygeführt, welche den ganzen Menschen, welche alle seine Empfindungen bis aufs Tiefste erschütterte. Auch in einem untergeordneten Kreise hat, wie schon erwähnt, ofters eine innige
liebe

---

*) Uebrigens braucht jene tiefe Aufregung deßhalb keine sturmische, nach außen heftige zu seyn. Es giebt eine ruhige, stille, allmählig wachsende Liebe, die gerade die beständigste, treueste und tiefste zu seyn pflegt. Auch zeigt sich der Grad der Empfindbarkeit jener Liebe bey verschiedenen Naturen sehr verschieden, je nachdem bey ihnen die Region der Gefühle dem Willen mehr oder minder auf= oder zugeschlossen ist.

Liebe — der Anblick einer vorzüglich erhebenden Gegend — ein tief aufs Gemüth wirkender Gesang —
eine gewaltsame äußere Lage der Dinge, wobey es
auf entschiedenes Wollen und Handeln ankam, und
wobey der Einzelne, wie ganze Nationen auf einmal in
sich selber neue, bis dahin ihnen unbekannt gebliebene
Kräfte gewahr werden, — einen durch ein ganzes Leben hindurch wirkenden, tiefen Eindruck zurückgelassen.
Selbstbekenntnisse und tiefer gehende Selbstbeobach-
tungen, lehren uns in jener Hinsicht die Region der
Sinnlichkeit und des Gefühles in einer höheren Beziehung auf die Entwickelungsgeschichte unserer geistigen Natur kennen. Und hier ist es, wo sich uns der
„in der Maschine verborgene, aus ihr herauswirkende
Gott“ deutlich verräth, wo wir gewahr werden, daß
diese ganze uns umgebende Sinnenwelt und Region der
Gefühle noch immer eine Sprache — ein Wort der
höheren, geistigen Region an den Menschen sey, eine
geschlossene, leitende Kette, wodurch ein göttlicher höherer Einfluß auf das Gemüth des Menschen einwir-
ket. Aber nicht immer war jene Kette dasselbe was sie
jetzt ist, jene Leitung war einst unterbrochen, und konnte nur durch eine neue geistige Schöpfung wieder hergestellt werden. Wir rühren hier mit wenigen schüch-
ternen Worten an das größte Geheimniß der Geisterwelt.

Das Urbild jener Natur, die uns noch jetzt, gleichsam ein Schatten der ursprünglichen umgiebt, war
nach dem Vorhergehenden das vermittelnde Organ zwischen Gott und dem Menschen; jene Sprache, worin
sich die Liebe des Göttlichen zu dem Menschen und die

Liebe

liebe des menschlichen Gemüthes zur Gottheit lebendig
und werkthätig, ausgesprochen, das Material, woran jene
Liebe sich genähret und geübet. Der Mensch war da-
mals in einem andern Sinne Herr der Natur, als er
es jetzt ist, obgleich uns auch noch jetzt einzelne bedeutungsvolle Züge verrathen, auf welche Weise er es
gewesen. Jener Theil seiner Natur, durch welchen er
mit höherer Kraft auf die Außenwelt zu wirken vermochte, war der, welcher noch jetzt sich als bildende,
schöpferische Kraft beurkundet — die Region seiner Gefühle — das Gangliensystem, ein Kreis, welcher in
dem jetzigen Zustande der Einwirkung des Willens größtentheils verschlossen ist. Das Verhältniß war wechsel-
seitig — der eine Pol konnte nur vorhanden seyn, wenn
der andre es war, die sinnliche Region konnte nur dann
wieder ein Organ der Einwirkung Gottes auf den Menschen werden, wenn sie auch auf der andern Seite
den von neuem zum Herrscher seiner sinnlichen Sphäre
gewordene Mensch zum Organ seines Verhältnisses zur
Gottheit gemacht hatte. Der Mensch konnte aber nur
dadurch wieder in seinen ursprünglichen Standpunkt
zur Natur eintreten, daß ihm jener bedeutungsvolle
Theil seines Wesens, der im jetzigen Zustande geistig
von ihm abgetrennt ist, und welcher doch den Schlüssel
zur äußeren Natur enthält, wiedergegeben und in seinen ursprünglichen Zustand wieder hergestellt wurde.
Wir sahen ferner im Vorhergehenden, daß Hochmuth
der Grundton unserer sinnlichen Region sey, daß die
sinnliche Sphäre unserer Natur noch jetzt durch einen
beständigen Act der Selbstsucht, bestehe und erhalten
werde, welcher die Dinge die in seine Sphäre kommen
zerstört, um sich ihrer Prinzipien zu bemächtigen,

mit-

mithin Zerstörungsfucht ist. Die materielle Hülle, deren Bildung und Erhaltung das Geschäft jenes Theiles unserer Natur ist, dienet ihm zugleich zur Decke, worunter er seinen eigentlichen Umriß verbirgt, zur Schranke, welche jene thierische und zerstörende Kraft fesselt, und dem höheren Funken in uns erst die Herrschaft über sie möglich machet. Aber zugleich ist auch diese materielle Hülle die Schranke, welche den Menschen hindert, in sein ursprüngliches Verhältniß zur geistigen Region zurückzutreten, welche ihn in allen seinen geistigen Bestrebungen hemmt, an der sich die Strahlen seiner höheren Kraft ohne Aufhören brechen und begränzen.

Von einer andern Seite erkannten wir im Vorhergehenden, daß gerade jener merkwürdige Theil unsers Wesens, welcher jetzt selbstthätig in dem Geschäft materieller Bildung befangen, und der Siß des Egoismus unserer Natur ist, ursprünglich gerade umgekehrt, das für den höheren Einfluß empfängliche, diesen leitende Organ seyn sollte. Nur dadurch daß er dieses von neuem wird, daß er sich von neuem der höheren Liebe gänzlich zum Organ hingiebt, kann das alte und ursprüngliche Verhältniß des Menschen zu Gott und der Welt wieder hergestellt werden. Damit er aber wieder werden konnte was er war, mußte der Mensch selber, die durch einen Act des Hochmuths entstandene Schranke der Sinnlichkeit, durch einen entgegengesetzten Act der gänzlichen Selbstverläugnung, Demuth und Ergebung in einen höheren Willen, freywillig wieder auflösen. Wie sollte aber die ins Stocken gera-

gerathene Maschine durch sich selber — durch eigene
Kraft wieder in Gang kommen? Der Meister selbst
mußte sich in ihr Inneres hineinbegeben, und die
Kraft, durch welche sie einst erbaut worden, mußte
jetzt von neuem aus ihr herauswirken.

Jenes Wort, das sich einst als ewige Liebe in der
anfänglichen Natur ausgesprochen, war von neuem
Fleisch geworden. Der Mensch-gewordne Gott voll-
brachte nun selber jenen — dem ersten und verkehrten
Willensact, wodurch der Mensch in seinen jetzigen
Zustand versunken, entgegengesetzten — Act einer völ-
ligen Selbstverläugnung, einer Selbstaufopferung und
Ergebung in den höheren Willen, bis zum freywilligen Opfertode. Was jenes Wort einst dem Menschen
in der ursprünglichen Natur gewesen, das wurde es
jetzt von neuem in der Menschennatur: vermittelndes
Organ zwischen dem Menschen und Gott, eine Sprache der Liebe zwischen beyden. Aber das Fleisch ge-
wordne Wort hatte durch jenen Act zugleich auch das
ursprüngliche Verhältniß des menschlichen Wesens zur
Sinnlichkeit wieder hergestellt, es hatte diese von neuem, indem es mit Wunderkraft aus der wieder ge-
heilten und von ihren Schranken befreyten Menschennatur herauswirkte, zu dem geweiht, was sie einst war:
sie ist nun wieder gereinigt, und auch hier, äußerlich
zeigt sich die vorhin unterbrochene leitende Kette zwischen Gott und Mehschen wieder geschlossen, sobald der
Mensch nur von jenem innerlichen Organe Gebrauch
zu machen versteht.

Wenn wir in die Zeit, die vor dem Christen-
thume gewesen, hineinblicken, finden wir den Menschen

schen fast allgemein in einem Verhältniß zu der Natur und zu seiner eigenen sinnlichen Sphäre, das von
unserem jetzigen sehr verschieden war. Jener blutige
Naturdienst, jene furchtbare Verkehrtheit, welche alle
Gräuel der schändlichsten thierischen Lust zum Gottes-
dienst machen wollte, die Grausamkeit, welche, ganz
in der Natur des Wahnsinns, weder der eigenen
Kinder noch des eigenen Leibes verschonte, können doch
in der That nicht als Wirkungen einer in den Grenzen des Besseren gebliebenen Menschennatur betrachtet
werden, und mit Recht machte die Sage des Alterthums die ganze Natur zu einem Wohnsitze und ver-
mittelnden Organ von Dämonen. Jenem auserwähl-
ten Volke scheint deßhalb nicht ohne tieferen Grund,
durch ein ausdrückliches höheres Verbot, ein großer
Theil der äußeren Natur versagt und verschlossen worden zu seyn, indem es weder auf Höhen noch in
Haynen, noch überhaupt irgend wo anders opfern
durfte, als in einem nach höherer Anweisung erbau-
ten Tempel, und indem ihm ein großer Theil der
äußeren Natur unrein war. Gleich mit dem Ein-
tritte des Christenthums hörte jene Einschränkung auf,
dem Menschen wurde wieder der Zutritt zu der ganzen Natur, als die von Gott gereinigt sey, freyge-
stellt. Von einer andern Seite fodert unter allen
Religionen bloß das Christenthum Dinge von uns,
die der sinnlichen Natur ganz und gerade zu entgegen laufen, und eine ungemeine Selbstverläugnung
voraussetzen, z. B. herzliche Liebe des Feindes u. dgl.
und bloß das Christenthum giebt auch (vermittelst des
erwähnten inneren Organes) zu der Erfüllung dieser
Foderung Kräfte, und zeigt in der Geschichte seiner

Be-

Bekenner Tausende von Beyspielen, einer bis zum Tode getreuen gänzlichen Ergebenheit in einen höheren Willen.

Seitdem der alte Zugang zu der höheren Region in uns selber wieder eröffnet worden, seitdem auch äußerlich wieder der Gott in und aus der Maschine zu wirken, dem Menschengemüth seinen höhern Einfluß mitzutheilen vermag, ist der Kampf der höhern Natur in uns, mit ihrer sinnlichen Sphäre um vieles erleichtert worden. Der Fleisch gewordene Gott hat die abtrünnig gewordene Welt des Sinnlichen der Menschennatur von neuem unterwürfig gemacht, er hat der Schlange die sich feindlich erhoben, den Kopf zertreten, und seitdem ist es auch der gemeinen Menschennatur, wenn sie sich nur den Zugang von oben offen zu erhalten — das (geistig) vermittelnde Organ zwischen sich und der höheren Region wohl zu benutzen weiß, leicht, den schon ein für allemal überwundenen Gegner, auch ihrerseits von neuem zu besiegen.

Denn dieser Sieg — jene Selbstverläugnung und Aufopferung des eignen Willens, wird von Allen gefordert, welche jenem Vorbilde der wiedergeheiligten Menschennatur nachfolgen wollen. Jene sinnliche Schranke, deren Entstehungsgrund und herrschender Ton Hochmuth ist, muß von neuem in Jedem, welcher diesen Weg eingeschlagen, durch den entgegengesetzten Act der Selbstverläugnung wieder aufgelöst, hierdurch die Grundneigung unsers Wesens wieder geheiligt und wieder auf ihren ursprünglichen Gegenstand zurückgeführt werden. Daher gehet dieser Weg unabänder-

13   lich

lich durch gänzliche Selbstverläugnung. Durch ihn unterscheidet sich das Christenthum wesentlich von allen, noch so trefflich scheinenden Moralsystemen oder Religionen. In ihnen wird allerdings der Mensch im besseren Falle darauf hingeführt, der höheren Liebe Einiges aufzuopfern, aber nicht Alles, nicht sein Selbst. Und hier gilt es nichts Halb oder Theilweise, sondern Alles zu geben oder zu thun, wenn nicht die Wurzel des argen Gewächses noch immer im Innern zurück bleiben soll. Man pflegt allerdings von einem Wege geistiger und moralischer Vollendung zu reden, der außer und ohne das Christenthum, ja ohne alle Religion möglich seyn soll. „Mein Freund! ich wünsche mir die entferntere Bekanntschaft solcher Vortrefflichen; ich werde sie nicht loben, bis ich über den fünften Act hinüber blicken kann. Ja wenn der Mörder, der gebundene Mörder nicht wäre! Der gute Seneca hat an der Natur des Nero ein Hofmeisterexperiment gemacht, dem ich zur Ehre der guten Moral ein besseres Gelingen gewünscht hätte. Und mein Freund! wer weiß was ich und du an der Stelle des Nero geworden wären. Was wurde noch in neuerer Zeit ein sehr kultivirtes harmlos scheinendes Volk, als die Revolution auf einmal alle die äußeren Schranken abbrach, welche den wilden Drang der Leidenschaften gewöhnlich zurückhalten. In der That, mein Freund! um deine Vortrefflichen ohne Religion möchte ich nicht seyn, wenn auf einmal diese Schranken fielen, und vor allem die letzte, jene Blume unter der sich die Schlange bewegt, die Decke über dem Abgrund!

In

In der That pflegt keine Religion den Menschen
so ausschließend für ein neues höheres Daseyn zu bilden, als die christliche, nur sie enthält das Specificum,
was unserer Natur die verlorenen eigenthümlichen Kräfte
zurückgeben kann, während andere Wege einer geistigen Erziehung die menschliche Natur noch in sich selber unentschieden in das Jenseits hinübertreten lassen,
wo der Kampf wohl schwerer seyn mag, als er hier
gewesen wäre. Nur durch jene stete und freywillige
Hingebung in einen höheren Willen, welche das Christenthum lehrt, wird jener in dem Haus der Materie
gefangene Mörder in uns wieder das was er gewesen:
liebendes Organ der höheren Liebe, und wir dürfen
dann die Banden die ihn hier noch fesselten, im Tode mit Freuden sinken sehen. Und nicht selten lösen
sich diese Banden noch während des jetzigen Daseyns
auf, und der vorhin gebunden gewesene Engel (einst
ein Mörder) wirkt von neuem mit göttlicher Gewalt in
den ihn umgebenden Kreis hinaus, und zeigt uns,
was der Mensch einst in Beziehung auf die ihn umgebende höhere und niedere Welt war und wieder seyn
soll. Vergangenheit und Zukunft, Hohes und Nie-
driges, eröffnen sich dem wiedergereinigten der Seele
wiedergeschenkten Sinne von neuem, und die Seele
blickt über die gesunkene Scheidewand in eine höhere,
geistige Region hinüber.

Wir würden, wenn hier der Ort dazu schiene, selbst
aus der neuesten Zeit eine Menge Thatsachen aufstellen
können *), welche beweisen, was der Mensch, wenn

er

---

*) Ich will hier nur an einige jener merkwürdigen That-
sachen erinnern. 1) Beyspiele, wo zum Theil un-

er von neuem Organ einer höheren Liebe geworden,
über seine eigenen Neigungen und über einen fremden
Wil-

---

heilbar scheinende Krankheiten, fast auf der Stelle durch
frommen Glauben des Kranten geheilt wurden, finden
sich in den Anecdoten für Christen, Th. 1, S. 13,
70, 106, 107, Th. 5, S. 52, in der trefflichen christ-
lichen Zeitschrift von Hillmers, 2ter Jahrgang, S. 312,
530, und 3ter Jahrgang, S. 175. In den Basler
Sammlungen, unter andern auf 1806, S. 256, auf
1807, S. 96, auf 808, S. 222, auf 1809, S. 347.
Auch die Geschichte des Pfarrer Kühze, (bey Federsen?)
gehört hieher, und eine Menge andere.

2) Beyspiele, wo durch frommen, festen Glauben
Andre geheilt wurden, und wo jener Glaube öfters auf
eine auffallende Weise in die Ferne wirkte: Anecdoten
für Christen, Th. 1, S. 8, Th. 2, S. 56, und 66.
Geschichte des Markgrafen von Renty bey Terstegen,
S 78, und der h. Therese, S. 168. Basler Samm-
lungen auf 1799. S. 71, 407, und 409, auf 1800,
S. 110, auf 1801, S. 161, 352.

3) Eine gewisse Gewalt des menschlichen Gemüths,
selbst über die äußere Natur: Christliche Anecdoten Th.
1, S. 52; Leben der Anna Garcias bey Terstegen, S.
48; Hillmers christliche Zeitschrift, erster Jahrg. S. 366.

4) Magische Gewalt eines frommen Gemüths auf die
Gesinnung Anderer, die oft sogleich gebessert wurde:
Stillings Taschenkalender auf 1814, S. 137; Anecdoten für Christen, Th. 1. S. 39, Th. 2, S. 182, Th.
3, S. 217, Th. 4, S. 168 und besonders 171, Hillmers chr. Zeitschrift, Erster Jahrgang, S. 471; zwey-
ter Jahrgang, S. 100, 101, 104, 735, 739, 746,

Willen, über seinen eigenen und über einen fremden
Organismus, ja über die ganze äußere Natur mit einer

---

dritter Jahrgang, 318, 356, 561, 562; Basler Sammlungen auf 1799, S. 206, 207, auf 1800, S. 140,
auf 1801, S. 27, auf 1804, S. 29, 1805, S. 139,
vorzüglich aber S. 284, auf 1806, S. 382, auf 1807,
S. 218, vorz. S. 380, auf 1808, S. 190.

5) Gewalt eines frommen Willens über die eigenen
Leidenschaften, unter andern: Anecdoten für Christen, Th.
5, S. 111 und 306, Th. 1, S. 3, besonders aber S.
5, und S. 7. 101, 124, Th. 2, S. 209, Hillmers
Zeitschrift: erster Jahrgang, S. 710, Basler Sammlungen auf 1808, S. 184; Leben des Gregorius Lopez
bey Terstegen, S. 7.

6) Besonders häufig sind jene Fälle einer Harmonia
praestabilita höherer Art, wo der fromme Glaube eines Nothleidenden, auf den Willen Anderer also influir-
te, daß sie ihm, ohne selbst etwas von seiner Noth zu
wissen, gerade zur rechten Zeit und auf rechte Art helfen
mußten. Uebrigens versteht es sich von selbst, daß hierbey ein höheres Band, das die ganze Geisterwelt
in Einem zusammenfasset, thätig war. Um nur einige
solcher Beyspiele anzuführen, citiren wir hier: Christliche Anecdoten, Th. 1, S. 53, und 54, Th. 2, S. 54,
Th. 4, S. 117, Hillmers, Jahrgang 2, S. 99 und
102, auch in anderer Beziehung Jahrg. 1, S. 706,
748, Jahrgang 3, S. 175, besonders aber 548, dann
551; Basler Sammlungen auf 1799, S. 410, auf
1800, S. 78, 311, 312, 382, 418, 420, auf 1801,
S. 59, auf 1805, S. 185, 349, auf 1806, S. 122,
auf 1807, S. 95, 154, auf 1808, S. 28, 86, 88,
besonders aber S. 214 und 307, auf 1809, S. 54, 55,

ner göttlich-magischen Gewalt vermöge, — und wie er
dann über die Beschränkung des Raumes und der
Zeit, so hinüber blicken als hinüber wirken könne.

Eben so würde hier nicht der Ort seyn, jenen
Weg, und seine verschiedenen eigenthümlichen Führungen genauer zu beschreiben. In der That, er hat von
außen wenig Empfehlendes und vielmehr Vieles was
von jeher Veranlassung gegeben ihn zu verkennen und
zu verlästern. Da der Funke jener höheren göttlichen
Liebe, zuerst und zunächst die zweydeutige Region des
Gefühles entzündet und bewegt, und sie (wie
dieß schon in einem untergeordneten Kreise jede heftige
Leidenschaft thut, anfänglich, ehe sie dieselbe verändert,
bloß aus ihren Banden frey macht, erscheinen öfters jene Menschen welche diesen Weg gehen, schwächer,

elen-

---

auf 1810, S. 146, 182, 275, auf 1811, S. 68,
132, 164, 166, 344, 345, auf 1812, S. 35, 69,
85. Eine Harmonia praestabilita jener Art zeigte
sich auch unter andern: Stillings Taschenbuch auf 1814,
S. 136, Hillmers; Jahrgang 1, S. 690, Jahrg. 2,
S. 524, Jahrg. 3, S. 555; Basler Sammlung
auf 1801, S. 59, 57, auf 1805, S. 319, 1806, S.
94, 1807, S. 349.

Uebrigens noch eine Menge ähnliche Beyspiele in anderen, besonders den älteren Jahrgängen der erwähnten
Basler Sammlungen, die aber eben nicht bey der Hand
sind, in Pfenningers Magazin (z. B. Frankens Erbau-
ung des Hallischen Waisenhauses), in Stillings Schriften u. s. f.

elender, und von dem gewöhnlichen schönen Deckman-
tel entblößter als Andre. Und wie das was am höchsten stehet, überall am tiefsten und gefährlichsten zu
fallen vermag, wie in der körperlichen und geistigen
Natur gerade die ihrer Anlage und Bestimmung nach
vollkommensten Organe und Kräfte, wenn sie einmal
ausarten, in die fürchterlichste Verderbniß übergehen:
so ist auch jener Weg nicht ohne die Gefahren der fürch-
terlichsten Abwege des Fanatismus, des Hochmuths,
der Heuchelen. Dennoch wird sich ein besserer Sinn,
wenn er nur Einmal an sich erfahren, was jenes
geistige Heilmittel vermöge, durch keinen Anschein ab-
schrecken lassen, eine Bahn zu verfolgen, auf welcher
allein Alles zu gewinnen ist. Und das geistige Expe-
riment ist für jeden guten, ernsten Sinn so leicht zu
machen, der Weg Jedem unter uns so bekannt!

So verrieth sich uns denn zuerst in der allen
Menschen angebornen, bey Allen sich gleichenden Sprache des Traumes, ein eigenthümliches Vermögen unserer Natur, welches während des ganzen jetzigen Daseyns seinem eigentlichen Umfange nach verhüllt zu
bleiben pfleget. Es ist dieß die liebende Fähigkeit unserer Natur, durch welche diese mit einem Anderen,
Höheren oder Niederen, Eins zu werden — Theil,
Organ desselben zu seyn vermag. Jene ursprünglich
negative Seite unsers Wesens, ist demnach erst in
Beziehung auf den Gegenstand ihrer Liebe, das was
sie seyn soll, außer und ohne diesen hat sie kein Centrum, keinen lichten Punkt, ist dunkel und bewußtlos.
Wenn im Somnambulismus jenes Dunkel sich selber
licht

licht und klar wird, so geschieht dieß, weil die Hell-
sehende jenes Centrum in dem mit ihrer Natur Eins
gewordenen Magnetiseur gefunden, und auch in einem
früher erwähnten Zustande des Wahnsinnes, war die
Seele des Kranken fähig, mit der Seele anderer Menschen Eins zu werden, fremde Gedanken und Gesinnungen zu erkennen, und in der Seele Anderer pflegte
er auch, wie in einem Spiegel Alles dem Raume nach
Entfernte zu erkennen, was nicht Er, sondern bloß Jene zu sehen vermochten. Dennoch wird bey dieser und
verwandten Erscheinungen nur erst ein geringer Theil
jenes dunklen Vermögens sichtbar. Wenn dagegen in
dem ungleich höheren Zustand des prophetischen Hellsehens die liebende Kraft im Menschen sich wieder nach
ihrem ursprünglichen Centrum hinwendet, und den
höchsten Gegenstand sich erwählt, findet sie das ihr
ursprüngliche Licht in seinem ganzen Umfange wieder.
Wie schon die Sommambüle an den Kenntnissen und
Gedankenreichthum des Magnetiseurs Theil nimmt, in
und durch ihn erkennt: so nimmt in jenem höheren
Zustand die liebende und erkennende Seele an dem
Lichte des höchsten Erkennens Theil, in welchem sich,
als in der allgemeinen Urquelle alles Seyns, Vergan-
genes, Gegenwärtiges und Zukünftiges, Nahes und
Fernes abspiegeln.

In einem bald größeren, bald geringeren Umfange, erwacht eine, auf ursprüngliche Wahlverwand-
schaft gegründete Anziehung der Liebe in uns und der
höheren, geistigen Region, sobald jene Liebe durch irgend eine Veranlassung aus der materiellen Verlarvung
in der sie sich jetzt befindet, wieder frey und psychisch
be-

beweglich wird, sobald sie — wenn auch nur auf Momente — ihre ursprüngliche geistige Form wieder angenommen. Schon im Zustande des Somnambulismus tritt daher jenes liebende Vermögen wieder mit der
höheren Region in Berührung, empfängt aus ihr ein
Licht, worinnen ihm die ganze in seinem Umfange liegende (der Capacität seiner Neigung angemessene) Welt,
über die Schranken der Zeit und des Raumes hinüber
klar wird, obgleich sich dasselbe seiner noch nicht in
jenem höheren Centrum sondern bloß in dem Magnetiseur bewußt ist. Es empfängt deßhalb schon in einem gewissen Grade der Somnambulismus, der Traum,
ja selbst der Wahnsinn, jenes prophetische Erkennen,
und es wird uns schon hierdurch jenes Vermögen unserer Natur, als die Gabe eines neuen, höheren Gesichtes, dessen Blick weit über die Schranken unserer
Natur hinüberreicht, wichtig. Wichtiger noch als das
Organ, in welchem die Wahlverwandtschaft unseres
Wesens mit einer höheren, göttlichen Region begrün-
det ist (die der Liebe mit der Liebe).

So oft sich die höhere Region dem Organ der
Liebe in dem Menschen mittheilte, geschahe dieses in
der diesem Organe eigenthümlichen (Natur-) Bildersprache. Von dieser Bildersprache fanden wir das Urbild noch in der, freylich von ihrem ursprünglichen Zustand weit entfernten sichtbaren Natur. Der Mensch
stund einst zu dieser noch in einem ungleich activeren
Verhältniß als jetzt, und wie die Natur eine Sprache,
ein Act der Liebe des Göttlichen zu dem Menschen
war, so vermochte dieser hinwiederum eben diese Natur zur Sprache seiner Liebe zu machen — Worte die-

ser

fer Sprache nach dem Gefallen und der Kraft seiner
Liebe hervorzurufen und zusammenzufügen. Noch jetzt
beweißt jenes psychisch erwachte Erkenntnißvermögen,
seine Natur-bildende und schaffende Kraft wenigstens
noch im Schatten, an der aus ihm hervorgehenden
Bilderwelt des Traumes, und vermag dieselbe in gewissen Fällen auch noch auf eine ungleich höhere, we-
sentlichere Art zu äußern. Aber gewöhnlich ist seine
ganze Wirksamkeit auf materielles Erkennen und Bilden beschränkt und zwar bloß in den Grenzen seines
materiellen Organismus, während noch im Thierreich,
z. B. bey den mit Kunsttrieben versehenen Insekten,
freylich nur auf eine höchst unvollkommene Weise, jenes Produciren nicht in dem Umfange des Leibes ein-
geschlossen ist, sondern über diesen hinausgeht.

Jene Beschränkung ist dadurch entstanden, daß
die Liebe der menschlichen Natur ihren ursprünglichen
Gegenstand verlassen, und sie auf einen ihrem Bedürfnisse wenig genügenden Vorwurf — auf das Besondere, auf ihr eigenes Selbst gewendet. Erst hierdurch ist die Thätigkeit jenes ursprünglich schöpferischen
Vermögens, ein beständiger Zerstörungsprozeß geworden, welcher alles zerstört, was in seinen Kreis kömmt
und sich seiner Prinzipien bemächtiget. — Vergeblich!
eine solche seinem Wesen unnatürliche Richtung vermag
nicht bleibend zu werden, jener zerstörend-bildende
Trieb, wenn er alles zerlegt hat, was in dem Capa-
citätsumfange seiner (tödtenden) Liebe gelegen, wendet
sich zuletzt gegen sich selber, und zerstört sein eigenes
Werk, so daß auch hier Hunger und Tod synonym
erscheinen.

Wäh-

Während das äußerlich im Gehirn seine Basis habende sinnliche Wahrnehmungsvermögen, während der Verstand auch in dem jetzigen Daseyn der ursprünglichen geistigen Natur getreu bleibt, ist demnach jener andere Theil unseres geistigen Wesens in materieller Wirksamkeit erloschen und unkenntlich geworden. Zwischen beyden Hälften ist hierdurch die ursprüngliche Gleichheit und Einheit aufgehoben, beyde sind sich zum Theil unvernehmlich — sind von einander getrennt. Das materiell bildende Vermögen zeigt sich, so bald es geistig frey wird, ganz in jenem zerstörend selbstsüchtigen Charakter, und durchs ganze Leben hindurch als eine der Vernunft und dem besseren Willen entgegengesetzte Stimme, als eine zweyte, von der Vernunft verschiedene Sprache in uns. Jenes reißt, wie uns schon Erscheinungen des jetzigen Daseyns lehren, sobald es nur einigermaßen seiner selbst mächtig geworden, als der ungleich mächtigere Theil unserer Natur, auch die andere, schwächere Hälfte mit sich fort, obgleich es in den Schranken der Materie nie zu dem ganzen Gebrauch seiner Kraft gelangen, nie sich selbst umfassen kann. Aber den hieraus entstehenden Gefahren vermag der Mensch zu entgehen, und, seitdem die anfängliche Vereinigung zwischen ihm und dem ursprünglichen Gegenstand seiner Liebe wieder gefunden, seitdem selbst die äußere Natur wieder zur leitenden Kette geworden, durch die sich ihm der höhere Einfluß mittheilet, (der Gott aus der Maschine auf ihn wirkt) vermag er das zur Mördergrube gewordene Organ wieder zu einem reinen Tempel zu weihen, welcher noch in dem jetzigen Leben, tief im Innern, unter Schmerzen und Freuden gegründet und gebaut wird.

Das

Das magische Dunkel unserer Träume wird nun wieder zu einem hellen Licht von oben, der alte Zwiespalt unserer Natur ist versöhnt, das verlorene Kleinod wird uns wieder. Das bange Sehnen in uns hat den ihm angemessenen Gegenstand wieder gefunden, und mit ihm volles Genügen, Friede, Freude!